吉備高原の家

赤崎の家

西之浦の家

清音の家

総社の家

里庄の家

東総社の家

連島の家

連島の家

連島の家

建築家自邸

住まいづくり120のヒント

はじめに

私は今日まで43年間住まいづくりに携わってきました。

住まいづくりは大変なエネルギーを要する仕事であり、しっかりと考え、精一杯取り組まないと、なかなか、満足のいくものができないのではないかと思います。

生涯に一度住まいづくりに取り組み、一生ローンを払い続ける方も多いのではないかと思います。

住まいづくりに関する情報はあふれています。

本当に必要な情報を選ぶことは至難の技ではないかと思います。

皆さんの住まいづくりがこれでいいのかという疑問を常々感じてまいりました。

そこで本当に知っておいて欲しいと思われる基本的な情報を、ここに載せたつもりです。

わからないことは建築家にお任せしましょう。

そのための参考にしていただきたいと思います。

この本はKG情報「ステップハウス、マイホーム」誌に連載したものを整理し、新しく加筆してまとめたものです。

目次 ——住まいづくり120のヒント

第3章 住まいと安全・安心

第4章　住まいと素材

第5章　住まいと部屋

第6章　住まいと外構

第7章 住まいと住まい方

第8章 住まいと設計2

第9章 住まいと素材2

第10章 住まいと木

第11章 住まいと工事

第12章　満足できる住まいづくり

第1章 住まいづくりの基本的考え方

住まいについて考える時、まずは住まいについての問題や基本的な考えを知っておきましょう。

1　ものがあふれた生活

住まいの中を見わたすと、本当に「もの」があふれています。

収納に収まらなくて、部屋じゅうに所狭しと置かれている。そんな『ものに囲まれた生活』が当たり前になっています。大きな住まいをつくれば、それに合わせたようなものをふやしています。

住宅の設計をする時、一番問題になるのが、このたくさんある「もの」をどうするかです。

『収納をたくさん作ってください』という要望がたいてい出されます。

では、なぜこんなにものがあふれるのでしょうか。

それは、次々と新しい物を買ってきて、不必要なものを捨てないでしまっておくからです。ほとんど使っていないものが、大切な収納スペースを埋め尽くしているのです。

住まいをつくる機会に、本当に必要のないものは思い切って処分することが大切です。

これからは、自分の本当に気に入ったものをしっかりと選んで買って、永く大切に愛着を持って使い、少ないもので豊かに暮らす生活を心掛けることが大切だと思います。

2 住まいづくりの問題点

今、つくられている住宅は、みな同じ表情を持っていて、住宅が力を失ってしまっているように感じます。

「なぜこうなったのか」と考えてみると、次のような『住まいづくりの問題点』があることがわかりました。

①住宅の平均寿命が短い……短寿命

住宅ができてから20～25年で、ローンが終わる頃には建て替えられている。

街のストックにならなくて、廃棄物の処理も大変です。

②素材が乱れている……本物・偽物

新しい工業製品がどんどん作られてきて、本物と偽物の区別が全くつかなくなりました。適材適所でちゃんとした素材を選んで使うことが大切です。

もっと、素材・材料の勉強をしっかりとしないといけません。

③つくり方がスピード化している……短工期

以前は1年以上かかっていたものが、2～3カ月でできている場合もあります。もっとじっくりと過程を見て、楽しみながら、住まいづくりをしたいものです。

④時の経過に耐えられない……風化

ちゃんとした素材で、ちゃんとした職人の手できっちりつくられていないと、うまく風化していきません。

住まいづくりにあたって、『住まいづくりの問題点』について、しっかりと考えてみて頂きたいと思います。まずこれが、住まいづくりの原点になるのではと考えます。

3　自然な住まい方

夏が高温多湿な日本では、古来より、住まいは「夏快適に暮らせるように」つくられてきました。そして、四季を通じて「自然と共生」する生活の知恵を育んできました。

いまでは技術の進歩により暑さ寒さを感じることなく、年中、室内は一定の温湿度に保たれた生活ができるようになり、次第に開放的な生活から閉鎖的な生活に変わってきています。

便利で快適な生活ができるようになりましたが、本当に豊かで幸せになったのかはわかりません。失われたもの、失ったものがたくさんあります。

人間の体力低下、シックハウスなどの問題も起きています。

住まいをつくる時、その土地の風向き、風の強さ、日照などを十分に調べて、光が入り、風が通り抜ける、開放的な空間をつくり、足りないところを機械で補って生活するようにしてはどうかと考えます。

これからは、改めて、四季を感じる生活の仕方、住まい方を考え直すことが必要です。

住まいづくりにおいて、今までの日本の自然と共生する住まい方を学び、現代に生かしていくことが重要ではないでしょうか。

4　素材を考える

住まいは、住むための器であり、豊かな人間生活を行うための大切な場です。私たちは、住まいによって大きな影響を受けます。

住まいをつくることは、人生において大きな負担のかかる重大な事業です。自動車や服を買うようなわけにはいきません。30年もローンを払い続けて、それが終わらないうちに、ダメになってしまうのでは、とてもたまりません。

将来を見通して、家族で十分に話し合い、しっかりと考え、じっくりと時間をかけて愛着の湧く永く住み続けられる豊かな住まいをつくりたいものです。

日本の民家は、そこに住む人が直しながら何代にもわたって今日まで使い続けてきました。美しく老いていく住まいに、とても感動します。

住まいは時間とともに変化してきます。時間が経った時、その住まいがどう変わっていくのかを考えてみることがとても大切です。

住まいにはたくさんの素材が使われています。現代は素材がとても乱れており、本物か偽物か区別がつきません。時間の経過に耐え、後で手が加えられるような素材を使っておかなければなりません。そのために、まずは素材についてしっかりと考えてみることが大切です。

5　住まいづくりのパートナー

「住宅をつくろうと思った時、どこに話をしますか？」と尋ねると、多くは住宅展示場、大工さん、工務店、ホームページ、設計事務所という答えが返ってきます。

どうも設計事務所（＝建築家）は敷居が高く、どんな仕事をしているのかも、あまり知られていないようです。

住まいづくりに関しては、情報があふれています。たくさんの情報の中から、取捨選択して本当に自分に必要な基本的な情報だけを選び出すことは、とても難しいことです。しかし建築家なら、きっと正しい情報を教えてくれるでしょう。

住まいづくりにおいては、建築主、設計者、施工業者の三者がお互いに独立した形で力を出しあって、協同作業をすることがもっとも大切です。

その中心的役割を建築家が担っており、住まいづくりのプロデューサーであり、よきパートナーでもあります。

自分に合った建築家と出会うためには、いろんな機会をとらえて、出会いの場をつくりましょう。

そして、実際に設計事務所を訪ねて、建築家に会って、人間性に触れ、考え方を聞き、作品を見せて頂いて、本当に自分たちの思いを実現するのにふさわしい方かどうかしっかりと考えてみましょう。

6 ローコストな住まいづくり

『ローコスト』という言葉は、コストを抑えるという意味です。単に安ければいいということではありません。安いものを安くつくるのは当たり前のことで、より良いものを少しでも安くつくる、つまり「豊かな住宅をローコストでつくる」ということが大切だと思います。限られた予算をいかに有効に使い、いろんな要望を家の中に、どう収めていくかが重要な視点になります。「最大限、質の高いものをつくる」という視点を持つことが大切です。住まいづくりは、「建築主・設計者・施工者」の三者の協同作業です。その三者それぞれがローコストへの努力をすることが大切です。コストダウンのポイントは次の通りです。

①要求条件をできるだけ整理する（優先順位を決める）。
②予算枠を決める。全体のバランスの中でコスト配分が可能になる。
③構造はシンプルに、仕上げは徹底的に統一する。
④施工工程は最低限必要なところでとどめる。後からできることは、後回しにして、今やっておかないといけないことは、妥協せずにやる。
⑤自然素材のグレードにはこだわらない。

⑥設備は十分に吟味して決める。
⑦時間軸を念頭に入れて、後で手を加えやすいつくりにする。
⑧ライフサイクルコストを考える。

7　住まいづくりの基本コンセプト

住まいは十人十色です。住まい手の要求条件も、さまざまです。住まい手の求める住まいを実現するために、どうしたらいいのか、日々の業務を通じて、考え、実践をしています。

私の考えている「住まいづくりの基本コンセプト10カ条」についてお話しします。

①日本の風土に合ったものをつくる。
　高温多湿の気候風土、地域性に合った住まいをつくる。
②伝統の知恵を生かす。
　建物の構成、広縁、濡れ縁、中庭など。
③自然を取り込む。
　採光、日照、通風などをうまく利用する。

④ぬくもりのある空間をつくる。
⑤経済性を追求。
豊かな住まいをローコストでつくる。
限られた予算の中で、最大限質の高いものをつくる。
⑥シンプルな構成で、簡素な美しさを持たせる。
⑦周辺環境と調和させる。
その土地に住まいをつくると、まわりに影響を持つようになる。
その場に調和し、景観を考えた住まいをつくる。
⑧時の経過とともに、味わいが増すようにする。
⑨本物の素材を利用する。
地産地消や木、石、土、紙、金属、ガラス、竹、わら、よし、などを使う。
⑩訓練された職人の手でじっくりとつくる。
住まいは長く住み続けられるように、また手を加えられるように、丁寧にじっくりとつくる。職人のぬくもりを感じられるようにする。

8　住まいづくり　住まい手の心得

住まいづくりを通じて、日頃最も頭を悩ますものが「工事費」のことです。かけられる予算に対して、住まい手の要望がかけ離れていることがあります。概算で目安を立てて計画し、打ち合わせを重ねて仕様を決めてから設計図をつくり、業者に見積もりをしてもらいます。出てきた見積書を見て、かなりの予算超過に驚くことがあります。

予算超過したら、何回も三者で調整して予算内に収めるようにします。

予算内で、住まい手の望まれる住まいを実現し、質の良い住まいを少しでも安くつくっていくことを目標に私は日々努力をしています。

住まいづくりにおける「すまい手の心得　10カ条」について以下に説明します。

①家族でしっかり話し合い、要望をまとめる。
②ゆとりを持った予算を立てておく。
③設備を十分に検討する。
④将来の改修も考えて、シンプルな構成にしておく。
⑤メンテナンスが楽なようにしておく。

⑥風通し、日当たり、採光が良く、自然と共生できる明るい住まいをつくる。
⑦自然素材を使って、長く住み続けられるようにする。
⑧間取りはシンプルでのびやかにする。
⑨空間を豊かにしよう。
⑩周囲の景観との調和について考える。

9 住まいの見学会の心得

住まいづくりにあたっては、時間をかけて、住まい手の考え方などをまとめておく必要があります。そのために、参考として実際に建てられた家を見て、しっかりと勉強することが重要です。そして、住まいには何が必要で、何が大切なのかを考えて欲しいと思います。特に、完成後20年・30年経った家もぜひ見ていただいて、時が経過したときの住まいの変化を感じ取り、住まいづくりに生かしてほしいと思います。

見学会に参加することは、住まいづくりについて自分たちで考えるきっかけとなることでしょう。

以下に、見学会の心得10カ条を説明します。
①設計の基本的な考え方を聞く
②建物から受けた印象を体で感じ取る
③工事費について聞く
④使用材料について聞く
⑤構造・構法について聞く
⑥設備について聞く
⑦外観とまわりの景観をみる
⑧外構とアプローチをみる
⑨住まいを見ての全体の印象がどうか考える
⑩家族でしっかり話し合う

10　住まい雑感

住まいは一体、何のためにつくるのでしょうか。それは、「今より、もっと豊かな生活をするため」ではないでしょうか。住まいづくりは、一生に一度の大仕事で、本当に高い買い物でしょう。

住まいは、人間生活を送る大切な場です。そこで、明日への英気を養い、家族仲良く、くつろぎ団欒をし、子育てし、楽しい生活が行われる場です。住まいは器であり、中味は生活そのものです。

人は住まいから多くの影響を受けます。どんなに立派な家をつくっても、必ずしもいい生活が送れるとは限りません。豊かな生活が送れるよう、豊かな空間をもった、安全・安心な住まいをつくらねばなりません。そして、人生のあらゆるステージに対応して、手を加えながら、人の成長と共に、住まいも成長し、永く住み続けられる、愛着の湧く、重みをもった、シンプルで簡素な美しさを備えた、存在感のある住まいをつくりたいものです。

住まいづくりに関する情報があふれています。何が自分たちに、本当に必要なのか、情報の選択をしっかりしましょう。生活が豊かで便利になったけれど、失ってしまったものも、たくさんあります。変えてはいけないものが変わり、変えなければいけないものが、変わっていないこともあります。

住まいづくりを通じて、生活を見つめ直し、家族みんなで原点にかえって、住まいに関わる問題について、根本から考えていくことが大切だと思います。

ひとりごと

これからの住まいに求められる要件とは

生活が豊かになるにつれて、たくさんの機能と設備をもった住まいがつくられています。

これからは、「住まいとは何なの」ということを真剣に考えてみる必要があると思います。親子、家族間の断絶著しい現代にあって、住まいは子育ての場であり、家族団欒の場であり、子どもたちの居場所であり、家族みんなの話し合いの場として、居心地の良い安らぎの空間を持っていることが大切です。さらに、これからの住まいには、安全安心で健康で環境にやさしく、少ないライフサイクルコストで、自然状態で住めることが求められます。

第2章　住まいと設計

住まいをつくる時は、まず第一に設計が大切です。
設計にまつわる基本的なことを取り上げました。

11 設計事務所

住まいをつくろうと思った時は、まず設計事務所を訪ねて欲しいと思います。住まいづくりの基本は、設計です。住まい手の求める条件に合ったきっちりとした設計ができていることが大切です。

さらに、意欲のある施工業者を選定して、現場監理をきっちりして、設計通りに工事ができて、初めて良い住まいがつくられると思います。

設計事務所の業務内容は次の通りです。

①土地の選定……安全、安心な土地を一緒に選ぶ
②要求条件をつめる……家族でしっかり話し合う
③予算を決める……出すことの可能な予算、諸経費20％
④完成時期……いつまでに完成させるか
⑤基本設計……ラフプラン、地質調査、家相、模型
⑥諸官庁打ち合わせ……法規制、諸手続きの調査
⑦概算見積……予算に収まるか検討

⑧実施設計……設計図面をかく（建築、構造、電気、機械、外構）
⑨施工業者の選定……実績を見て、慎重に選ぶ
⑩工事費見積……業者に詳細見積をしてもらう
⑪工事費見積内容の検討……内容を細かく調査する
⑫工事費決定、業者と契約
⑬現場監理……設計図書通りに工事ができているか完成までチェックする
⑭メンテナンス相談……住み出してからの維持管理、増築、改修などに対応する
設計事務所は、第三者の立場に立って、住まい手の手足となって、住まいづくりに取り組んでいます。

12　設計図

住まいづくりにおいてとても大切なもののひとつが、設計図です。

設計図は、住まいづくりのパートナーであり、プロデューサーでもある建築家が所属している、建築設計事務所や工務店などで作成します。住まい手の要求条件をしっかりと聞いて、そ

れをすべて設計図の中に折り込んでいかなければなりません。

設計図の目的は、住まい手の求めている住まいを図面の上に、わかりやすく表現して、つくり手にきっちりと伝えていくことです。設計者だけがわかっているのではなくて、住まいづくりに関わるみんなにわかるようにしなければなりません。それに十分なだけの図面をかく必要があります。

ちゃんと図面をかいておかないと工事費の見積もりにも差しつかえます。

設計図には、意匠図、構造図、電気設備図、機械設備図など、たくさんの種類があります。

次に、意匠図で主なものをあげてみましょう。

特記仕様書、設計概要書、附近見取図、配置図、平面図、立面図、断面図、屋根伏図、天井伏図、矩計図、断面詳細図、部分詳細図、平面詳細図、展開図、建具配置図、建具リスト、家具図、キッチン詳細図、外構図など。

住まいづくりの第一歩は設計です。設計はとても重要です。

設計にしっかりと時間をかけて、十分に意思が伝達できるよう、設計図をきっちりまとめましょう。

13 現場監理

設計図をもとに見積もりして、施工業者を選定し契約をしてから、工事が始まります。設計図通りに、工事が進んでいるかのチェックが必要になります。第三者の立場で設計した建築家の方に現場監理をして頂くことが大切です。

現場監理は、工事業者の現場管理とは全く違います。設計事務所の建築家が、設計意図をきっちりと説明しながら、設計図通りに現場ができているか、現場の進行に応じて、指導していくことです。

ユーザーとつくり手の間にあって、うまくリードしながら、工事を進めていくことです。

設計図には、設計意図が表現されていますが、すべて盛り込まれているわけではありません。表現しきれていないこと、どうしても現場で決めないといけないこと、納まりにくいところなど、たくさんあります。

よりよい住まいになるように、現場の状況を見て、やっぱりこうしたほうがいいというような設計変更も出てきます。住まいづくりには、必ず、まとめ役としてのプロデューサーが必要です。

それが建築家です。

現場は、すべて、現寸です。木材の加工方法、面取り寸法、金物の納まり、色、形、高さなど、すべて100%現場で決めていかないといけません。

とにかく、しっかりと現場監理をして頂くことが、いい住まいをつくる、大切なポイントです。どんなにいい設計をしても、現場でしっかりと施工されなければ、いい住まいはできません。

14 木造

住まいを安全・安心につくっていくための構造・構法には、木造、鉄骨造、鉄筋コンクリート造、組積造などがあります。

中でも木造は、1000年以上も長い歴史をもち、日本の気候風土によく合っており、施工技術もとても進んできています。

木造の柱梁構法には、伝統木造構法と在来軸組構法があります。

伝統木造構法は、石の上に柱を立て、仕口や継手に金物を使わないで込栓やシャチでとめ、通し貫で小舞土塗壁とし、横架材と土壁で地震に対応しており、柔構造になっています。しかし現在では、あまり使われなくなっています。

今では、ほとんどの場合、在来軸組構法が用いられており、鉄筋コンクリート造の基礎に土台を固定して、壁に筋かいを入れ、仕口、継手は金物で固定した剛構造になっており、十分な耐震性を備えています。

木造は、軽量で加工・施工が容易な木材を使い、工事費は比較的に安価であり、広い開口部がとれ、増改築が容易であり、古来より優れた施工技術が伝承されています。

木材の長所を生かしながら、可燃性、吸水性、腐朽性、収縮性、不均質性などの短所を補いながら、県産の木材を利用して、土、紙、ワラ、畳、竹などの自然素材を使って、骨太の構造を生かした、住む人にやさしい健康な木造の住まいをつくって頂きたいと思います。

15　建具

建具とは、閉《た》てる具のことで、可動の戸と建具枠で構成され、建築の開口部を開閉するものの総称を表しています。古くから日本の住まいは、高温多湿の気候に合ったように、夏をむねとしてつくられ、間取りも田の字型を基本として、柱と柱の間は、可動の建具が入れられ、部屋が連続していて、建具をはずすと、開放的な空間がつくられていました。

昔は、ほとんど内も外も木製建具でしたが、気密性、断熱性、耐久性などのことを考えて、現在では、外部は、ほとんどアルミ製建具が使われており、木製建具と同様なデザインのものがつくられています。

木製建具には、フスマ、障子、格子戸、すだれ障子、板戸、ガラス戸、ついたて、ランマ、雨戸、網戸、など、たくさんの種類があり、その部屋にあったデザインの建具が使われて、とても豊かな空間がつくられていました。外部の雨戸も、木製からアルミ製となり、開閉が自由なシャッター雨戸が主流となり、手動から電動へと変わっています。外部建具は、光や風の流れを考えて、取付場所を決めましょう。

できるだけ自然をとり込んで、住めるように考えましょう。

換気扇をつける部屋には、空気がしっかり抜けるよう建具に必ずガラリなどの給気孔を取り付けましょう。

できるだけ素材を生かした木製建具を使って、古くからのデザインを見直して、温かさのある空間をつくりたいものです。

16 塗料

塗装とは、塗料を塗り、乾かしてできた塗膜によって、さまざまな素材の表面をおおうことです。

塗装の役割には、素材の表面に色や艶、テクスチャーなどをつけ、美しく見せる意匠的な役割と、物の表面を保護するという機能的な役割があります。その機能には、防汚、防虫、防腐、防湿、防傷、耐久性の向上、耐水、耐油、耐薬品、防錆など、さまざまあります。

社寺建築を除けば、町家や農家、数寄屋建築でも、木材の色付けは、昔から行われていました。

それは、異なる樹種の色を統一する意匠上の意図であり、防腐、防虫のためでもあったといわれています。また、民家再生等で、古材と新材を併用する場合は、色を合わせるために、新材を塗る古色仕上がよく行われています。日本で古くから使われている伝統的な塗料には、漆や柿渋があります。合成樹脂を用いた塗料が普及する以前は、広く用いられてきましたが、また近年、再び見直されています。室内空気汚染、自然環境汚染の問題が起こってきて、伝統的な塗料や、自然素材を主な原料とした塗料は、急速に木造住宅向けに使われています。

特に住まいの床材は、ムク材を使って、浸透性の自然系塗料を塗り、手入れをして長く使い続けられるようにしたいものです。素材選びとともに、塗料選びは、とても大切です。自然系塗料を見直して、適材適所にしっかりと生かしていきたいものです。

17 色

昔は、色は、自然素材の色で『日本の色』がたくさんありました。今では、合成樹脂による化学塗料ができて、また、新建材もたくさんつくられて、仕上の種類も豊富になり、多くの色が用いられるようになりました。それだけに、カラーコーディネートが、とても大切になってきました。

住まいの、床、壁、天井、建具、カーテン、ブラインド、家具、タピストリー、絵、置物などの調和が求められます。住まいは器であり、中味は、生活です。生活が豊かになるように、地味でシンプルで飽きのこない、色使いをすることが大切になります。色は、好みの問題ではなくて、調和だと思います。

色が人体に与える影響はさまざまで、とても大きいものです。

「暖かい色と寒い色」「重い色と軽い色」「近い色と遠い色」など、色は、人の感覚にも影響を与えます。

外部の色は、周囲の景観との調和を考えて決めましょう。

一般的には、白、黒、グレーの無彩色や、ベージュ、茶色をベースに、少し、アクセントになる色を使う程度が良いでしょう。内部の色は、部屋により、色の使い方が変わってきます。各部屋ごとに、色を変えるのではなくて、基本的な色を決めて統一し、部分的に少し変えていくのが、良いでしょう。家具の色は、統一することが大切です。

住まいの中で心地よく生活できるように、建築家の方と相談しながら、上手に色を使っていきたいものです。

18 音

音とは一体何だろうと考えてみると、なかなか簡単には言い表せません。辞書をみてみると、音とは、物の響きや人や鳥獣の声や、物体の振動が空気などの振動（音波）として、伝わって起こす聴覚の内容（感覚、現象）や、そのもととなる音波のことであるようです。

住まいづくりの中で、音の問題が一番、おろそかにされているように思います。音は、人によって、感じ方が違うし、騒音になったり、心地良い音になったりしますので、とても扱いにくいものがあります。

住まいの中で音が出るものというと、テレビ、ラジオ、CD、ピアノ、楽器、話し声、冷蔵庫、エアコン、モーターなどがあります。また、外から聞こえてくる音には、雨、風、鳥、犬、話し声、工場の音などがあります。

こういう音に対して、住まいの内外に防音対策をしておかないといけません。

しかし、音の対策については、お金をかければうまくいくのかというと、そうでもなくて、高音、中音、低音など、音の周波数によって、また、それぞれの音の特性によって、とても対応が難しいものです。

とにかく、外部仕上は、できるだけ、遮音性能の良い仕上とし、また、内部仕上は、吸音材で仕上げ、間仕切壁や天井裏には、しっかりと断熱材を入れ、2階床については、防音シート等を入れましょう。ピアノとか音楽を聴く部屋は、二重構造にして、特に念入りに仕上げましょう。

できる限り、防音対策も十分に考えて、快適な心地良い住まいをつくりたいものです。

19 照明

日本の住まいは、古くから座卓で、床に「座る」生活が中心でした。そのために照明も、部屋の下の方を照らして、天井に近い上の方は、少し薄暗い感じでした。住まいの洋風化とともに現在では、部屋中を明るくするようになっていて、あまりにも明るすぎて落ち着きません。

住まいは、一日の生活の疲れを癒し、心身ともにリフレッシュして、明日への英気を養うところであり、家族団欒し、静かにくつろぐ場でもあります。明るい所、暗い所など、いろんな生活の場面に対応できる照明を、考えたいものです。夜、我が家に帰ってきて、温かい明かりが見えた時、心がほのぼのとすることでしょう。外から見える明かりは、とても大切にしたいものです。

照明も、電球から蛍光灯へ、さらにＬＥＤへと進歩しています。蛍光灯を使う時は、できれば電球色を選びたいものです。照明は、空間を決定する要となる大切なものです。空間に調和した照明を建築家と一緒に、設計時に照明計画を立て、きっちりと選んでおきましょう。

一度取り付けたら、なかなか交換されないのが照明です。

カタログを見て、しっかりと選び、実物を見て決めましょう。素材、形、大きさ、明るさ、などもよく考えて選びましょう。ペンダントの時は、高すぎないように、取り付ける高さに注意しましょう。

スイッチは、ひとつひとつこまめに切れるようにしておきましょう。

20 家具

家具とは、辞書をみると『建物に付属して固定されるものではない、動かし得る道具の総称であり、人間の行動や動作に密接にむすびついて、人間活動を補助する役割がある。建築よりも人間に直接的に関与し、建築と人間の活動の接点に位置している』とあります。

私は、家具ときくと、一番に思い浮かべるものは、「ちゃぶ台」です。直径90㎝ぐらいの円形の座卓で折りたたみ自由で、多目的に使えます。こんなにすばらしい生活の知恵は、他にないのではと思います。

住まいづくりにあたって、部屋の広さと置かれる家具との関係をしっかりと検討することが大切です。

最近の日本の住まいは、たくさんの家具に占領されていて、とても窮屈で、その隙間で生活しているような感じです。たくさんのものを持っていると、それだけ家具が必要になります。家具の種類をあげてみると、次のようなものがあります。食卓、イス、洋服タンス、整理タンス、書棚、ソファー、テーブル、脱衣棚、食器棚、食品庫、布団入、下足入、コート掛、飾棚、勉強机、座卓、など。

家具を決める時、サイズと高さを、空間の関係で、検討しましょう。高さは、少し低めにしましょう。

住まいを考える時、「ものをもたない生活」についてしっかりと考えて、「本当に何が必要なのか」を十分に家族みんなで話し合いましょう。

21 カーテン・ブラインド

古くから、日本の住まいには、フスマ、障子や雨戸、スダレなどがあって、あまりカーテンなどは使われていませんでした。住まいの洋風化とともに、使われるようになってきました。

現代では、カーテンは住まいになくてはならない大切なものです。

外部廻りの窓、出入り口には、カーテンやブラインドで視線の遮断や断熱効果を持たせ、あわせて、風や光を通し、外の景色も眺められます。

カーテンには、レースとドレープとケースメント（レースの厚手のもの）があります。大体、レースとドレープが両方つけられていて、昼間はレースにして、光や風を取り入れています。素材、柄、色はいろいろありますが、室内の調和も考えて、落ち着いた色調の無地調で、防炎、遮光のものを選びましょう。カーテンをどこに取り付けるのか、設計の時に考えておき、できれば、カーテンボックスを設けるとよいでしょう。

ブラインドには、縦型、横型があり、縦型は大きな開口部に用いられ、横型は１・５㎝幅の羽根のものがよく使われています。素材、柄、色はいろいろありますが、落ち着いた明るい色調のものを選びましょう。ロールブラインドは、上下に開閉できて、とても便利です。簡単な間仕切にもなります。

それぞれの窓の目的に応じて、カーテン、ブラインド、ロールブラインドをしっかりと選択して、楽しい住まいをつくりましょう。

ひとりごと

今、私が建てるなら こんな住まい

早朝の散歩のあと、住まいの窓や戸を開け放って、和室に寝転んで、自然に通り抜ける風を体で感じた時の心地良さは最高です。「自然の恵みを五感で感じられる住まい」を私は建てたいです。

できる限り機械に頼らないで、最少の設備で、自然の変化や季節の移り変わりを感じながら住みたい。暖炉を設けて、燃える炎を静かに楽しみたい。屋根窓から移ろう空も眺めていたい。

県産木材など身近な自然素材を使って、骨太の構造を組み、関わった多くの職人たちのぬくもりや想いが感じられるシンプルで簡素な住まいをつくりたいと思います。

第3章 住まいと安全・安心

住まいにとって安全・安心であることは、当たり前のことです。環境や景観のことも含めて考えてみましょう。

22 安全・安心

住まいは、生活の器であり、雨露をしのぎ、自然災害から守られ、安全・安心であることが基本です。

そのためには、どこへ住むか、土地の選定が一番に大切です。住まいの安心・安全のもととなります。

人々は以前、自然災害を受けにくく、自然の恵みが受けられる場所に住んでいました。しかし、最近は土地不足によりやむなく、田んぼの中、池や谷を埋めた所、残土処分地、切土盛土のある造成地などにも住まいをつくらざるを得なくなりました。

一度買った土地は買い替えることが、なかなかできませんから、その土地の昔の状況などを十分に調べ、雨の日の状況、日照の状況、交通の状況、地質状態などを家族みんなで見て、自分たちの住まいにかける想いが実現可能な土地なのかどうか、納得のいくまで考えてから、土地を買いましょう。土地選定が住まいづくりの成否の鍵となります。時間をかけてじっくりと選びましょう。

次に、住まいの設計にあたっては、地震、シックハウス、防犯、事故対策などを講じて、安全・安心な住まいづくりをしましょう。

特に日常生活において、住まいで起こる事故に注意しましょう。溺水、墜落、転落、転倒、ぶつかりなどの事故が起こっています。ユニバーサルデザインを心掛け、幼児や老人をはじめ、住む人みんなが安全に暮らせる住まいをつくりましょう。

23　保守点検・改修

住まいづくりは、完成するまでに、大変な労力が必要ですが、完成して住み始めてからの生活が、とても大切です。

住まいは、いい生活を実現するために、豊かな住生活をするためにつくります。どんなにいい住まいをつくっても、そこでいい生活ができるとは限りません。住まい手の生活のセンスや、住まいに対する心掛けによって、随分変わってきます。

時の経過とともに、住まい手も成長し、住まいも変化を続けていきます。愛着をもって、日頃から、住まいの点検、清掃、整理整頓を心掛けましょう。問題のあるところは、その都度、直しましょう。

住まいを生活にあわせて、上手に使い込んでいき、どうしても対応できなくなったら、その時々で改修をしていくことが必要です。点検は、屋根、樋、排水ます、水漏れなどを確認しましょう。

清掃は、室外、室内ともに、きっちりしましょう。生活していると、どうしても物が多くなってきますので、必要な物だけを選んで買ってきて、それを長く使って、少ないものでいい生活をするよう、心掛けましょう。

改修する時は、問題点を家族でしっかり話し合って、どこをどう直すのか、しっかり検討しましょう。その部分だけを見ないで、家全体を見てから決めましょう。改修して以前よりはるかに良くなるように、必ず建築家に相談してみましょう。

24 コスト

住宅のコストは、どのように決まるのでしょうか。

一般には、材料費と施工費と利益の組み合わせで決まります。単体の物なら簡単に決まりますが、住宅のコストは、個々の計画にもとづいた仕様や設備などの内容によって決まるためとても複雑です。その費用も業者によって、まちまちです。詳細な設計図をもとに、工事項目ごとの内訳明細書（見積書）をつくり、それをもとに住宅のコストが決まります。

住宅はただ単に安ければいいというものではありません。豊かなものを少しでも安くということで、まず質が一番です。質や価値に見合っただけのコストであるかどうか建築家に相談してしっかりと調べましょう。

コストの目安として、坪単価で表されることが多いのですが、どこまでを含んでいるのかが業者間でばらばらであるため、坪単価で住宅のコストの高い・安いを判断するのは、とても難しいといえます。

また「別途工事費」についても、きっちりと調べましょう。

この他に、住宅をつくるには、住宅のコストの約20％程度の「諸経費」がかかります。

つまり、住まいづくりには、住宅のコストの他に、別途工事費と諸経費がかかります。このことを考えて、住まいづくりの予算を立てましょう。

25 職人

昔の住まいは、身近な材料を使って大工・棟梁が中心となり、限られた職種の職人さんたちによりつくられていました。そして、建築主や近隣の方たちも仲良く家づくりの手順や大変さについてよく知っていました。現在では建物が複雑になり、工事が専門分野化して、多くの職種の職人さんたちが関わるようになったため、家づくりの手順がわかりづらくなりました。

そこで、家を建てる場合、現場にはできる限り足を運ぶように心掛けましょう。

完成するまでほとんど顔を出さない人もいるようですが、完成していく過程を見守り、職人さんと交流をしたり、仕事に打ち込んでいる姿を見れば、誰もが自分の仕事に誇りと自信を持ち、真心で取り組んでいることがわかります。そうすれば家づくりに関わった人々への感謝の気持ちや、家の愛着も湧いてくることでしょう。

そして、職人さんへの温かい言葉掛けを忘れないようにしましょう。

住まいづくりには、家が完成しておしまいではなく、生活を始めてからが本当の始まりです。家に愛着を持ち、生活に合わせてしっかりと使い込み、職人さんの力を借りてその時々に応じた手入れをすることが大切です。

少しでも長く住み続けられるように、住まいを守り育てていきましょう。

26 工芸・アート

住宅は「住むための器」ですが、「心安らぐ場、子育ての場、くつろぎの場、家族団欒の場」など、いろんな生活の場があり、豊かで楽しい生活が送れる場所となることが大切です。また、住まいは子どもの健やかな成長のために、とりわけ大切な場です。

豊かな空間を持ち愛着の湧く住まいを、建築の職人さんだけではなく、工芸やアートの方々の協力を得てつくることが必要です。

染色、陶芸、ガラス工芸、家具、木工、ロートアイアンなど、たくさんの種類があります。作家の方々と協力して、上手に住まいに取り入れると、とても安らぎのある住まいができると思います。のれん、陶板、手洗器、ステンドグラス、テーブル、イス、暖炉などを住まい手の求める空間のなかで、調和する場所へ、しっかりとデザインされたものを置くとよいと思います。「ロートアイアン」とは、鉄を温めて、槌でたたいて、いろんなものが自由自在につくれる手法です。暖炉、門扉、ポスト、手摺、取手、物干、照明、花器、オブジェなど…。鉄がとてもしなやかにやさしく見えます。

住まいの空間によく調和して、空間がひきしまり、温かさを出してくれます。ぜひ、いろんな工芸・アートを住まいづくりに取り入れてみてはいかがでしょうか。

27 設備

住まいにとって設備とは、生活をしていく上で、なくてはならないものです。

人間に例えると、心臓のようなものです。休むことなく、毎日働き続けています。

住まいを長く使い続けていく上で、設備には寿命があり、また新しい機能を持った設備に、取り替えていく必要があります。

住まいの構造は、きっちりとつくっておいて、将来の変化に備えて、設備等を取り替えやすくしておくことが大切です。いわゆる「スケルトンインフィル」ということです。

世の中が便利になり、生活がどんどん豊かになり、それに伴って設備も急速な進歩をしています。

最新設備のついた、使いやすくなったシステムキッチン、全自動洗浄機能付便器、全自動洗濯機、全自動給湯ユニットバス、コンパクトになったエアコン、床暖房、エコキュートやコージェネレーション、ソーラーの給湯システム、太陽光発電など。今まで人が手を使ってやっていたことが、ほとんど自動になり、あまり手を使わなくてよいようになってきました。

便利になって、私たちの生活が本当に豊かになったのかどうか考えてしまいます。なんだか失ってはならないものをたくさん失ってしまったように思えてなりません。設備を決める時、フル装備のものにするのか、いらない機能はついていないシンプルなものにするのか。

みんなでじっくりと考えましょう。

28　環境

住まいづくりは、環境を考えることから始まります。

大量生産、大量消費、大量廃棄の時代は終わり、現代では循環型社会になり、住まいもスクラップアンドビルドではなく、永く使い続けられることが大切になってきました。

住まいは、建築する時、使い続けていく時、改修やリフォームする時、再生する時、壊して建て替える時など、それぞれのステージで、環境に負荷をかけないように、しっかりと考えることが大切です。

また、ゴミが今大きな社会問題になっています。ゴミを減らす取り組みが重要です。ゴミは捨てればただのゴミですが、分別回収してうまく生かせば、資源となります。ゴミゼロへ向けて、みんなで努力を続けましょう。

建築廃材の処理も大変です。ゴミは、リデュース（出さない）、リサイクル（再生）、リユース（再利用）の3Rを守り、実践していきましょう。

地域温暖化がどんどん進んでいます。二酸化炭素の排出量を少しでも減らせるように、一人ひとりが、今すぐできることからはじめましょう。

そのために、いま一度、身近な生活を振り返って、生活の仕方や、住まい方をじっくりと見直してみましょう。限りある資源を大切に使いましょう。地産地消、自然エネルギーの利用、自然素材の利用、雨水の利用、水の有効利用、排水の浄化などに取り組みましょう。

29 景観

住まいは、それぞれの土地に、住まい手の想いを込めてつくられます。完成すると、社会的財産となり、その住まいは、まわりの環境に対して、影響力を持つようになります。

古くからの住まいは、素材も限られていましたが、それ故に街並み全体に統一感があり、優れた景観が見られました。

景観とは、見える環境のことであり、生活空間そのものです。

住まいの外部空間のつくり方も、生活の中でとても大切になってきます。自分の土地だから、好きなように、どんな建物でもつくっていいのかというと、そうではありません。その場の雰囲気を読み取って、周囲と調和のとれた住まいをつくっていくことが大切です。その結果、良い景観がつくられ、時の経過とともに優しい風景がつくられていきます。

また、最近では住まいの周囲を塀で囲ってしまうことが多いようですが、できる限り塀はつくらず、道から少し後退させ、生垣などをつくると優しく、うるおいが感じられます。

住んでいて楽しく、居心地のいい住まいは、外部に対しても、開かれていて、心が通じ合い、みんなの目を楽しませてくれるものです。

住まいづくりに際しては、まわりの景観についても、しっかりと考えてみて欲しいと思います。

30 民家再生

住まいは「住まい手」の熱い想いを持ってつくられた後、さまざまな生活が行われ、家族とともに、長く成長を続けていきます。

町並みを見ると、古い建物が老朽化して、どんどん壊されて新しくつくり替えられて、見慣れている風景が変わってきています。

古い民家は、その時代ごとに手を加え、修理しながら長く使われてきました。家の中に入ると、ひんやりとして、大黒柱があり丸太梁の豪快な骨組みは感動的です。それを壊してしまうのはとても残念です。

住まいを直そうと思った時、壊す前にもう一度、しっかりと調査して、何を、どこを、どう直せばさらに住み続けられるかを考えて欲しいと思います。

古い民家は日本の風土に適し、しっかりとした材料と工法で、訓練された職人の手でとてもフレキシブルに、きっちりとつくられています。民家再生することにより、長い間使われてきた素材の持つ力や骨組みの持つ空間の力を伝え、新しい物と、古いものとが一体となって、さらに新しい空間や価値がつくり出されます。

そして、繰り返し材料を使い続けることで、資源の有効利用や省エネルギーとなり、循環型社会に役立ちます。

住まいを直そうと思った時、ぜひ壊すことなく、民家再生を考えてみてはどうでしょうか。

ひとりごと

土地探しのコツ

「どこに住もうか」ということは、住まいづくりの第一歩です。安全・安心で、健康で快適な生活ができる土地を選ばなければなりません。

まず、自分たちの求める土地の条件を家族で話し合って決めておきましょう。

4人家族の一般的な住まいで車2台置く程度なら、50〜60坪は欲しいです。

ある程度の期間を決めて探しましょう。

人に任せきりにしないで、自分で足を運んで探しましょう。

晴れの日、雨の日、平日、祝日、昼、夜にも見てみましょう。

良い土地が見つかったら、建築家に相談して、思い通りの住まいができるか検討してもらいましょう。

第4章　住まいと素材

住まいづくりにとって、素材はとても重要です。年とともに美しく風化していく素材について考えてみましょう。

31 木

住まいづくりにおいては、さまざまな素材や材料が使われています。まず、最もよく使われる木材から、順に考えてみましょう。

日本は島国で、国土のかなりの部分が森林でおおわれています。「木の文化」が中心であり、木造建築は長い歴史があり、日本の気候、風土にもよく合っています。木は、二酸化炭素を吸収し、地球温暖化防止に役立っており、特に、循環型素材として、森林の再生が今、大きな課題となっています。身近な木を、どんどん利用して、植林をし、木から林となり、森林に育てて循環させていくことがとても大切です。

木材は、最も使いやすい材料であり、木材の種類は多く性質もさまざまですが、一般には、軽量でありながら強度が大きく、通直な長大材を得やすく、また加工しやすいなどの利点があります。

一方で、可燃性、吸水性、腐朽性、収縮性、不均質性が大きいという欠点をもっていますが、このような木材の欠点を改善し、加工した各種の木質製品、集成材もつくられています。

適材適所で利用していくことが大切です。

木材は、木目も美しく、色合いもさまざまで、においも楽しめます。木材は、含水率に十分注意し、使用に先立ち、できるだけ乾燥させましょう。骨太の木材を利用して、木材の良さを生かした、時と共に成長を続け、味わいの増す、温かく愛着の湧く住まいをつくりたいものです。

32 土

かつては身近なところにある素材を使って住まいをつくることは、とても自然なことでした。土は、とても大切な素材で、住まいづくりには欠くことのできないものでした。住まいの壁は、ほとんど土塗でした。

床には、石灰と土をまぜた三和土《たたき》として使われてきました。長い間の使用に耐え、時と共に、風化して、さらに味わいが増し、まちや村の原風景をつくっていました。

土塗壁は、竹と縄で組んだ小舞の下地に、土と砂とわらをねり合わせたものを塗ったものです。下塗り、中塗り、上塗りと順に仕上げていきます。とても時間がかかりますが、素材のもつ温かさ、表面の仕上がり感が大変すばらしいと思います。土塗壁は下地のヌキと一体となって、地震の時に抵抗する耐力壁の役目をになっていました。また、断熱材でもありました。

土塗壁の仕上には、漆喰が使われていました。

漆喰は、麻スサや紙スサにつのまたなどの糊液を混ぜ、消石灰を加えて練ったものです。

とても耐久性があります。

しかし、現在では、乾式工法が多くなったため、ほとんど土塗壁が使われなくなってきました。

是非、土や漆喰や、珪藻土などの左官材料をもう一度見直して、住まいづくりに関わった職人さんの技のあとが感じられ、温かさ、ぬくもりのある、素材が生きている、自然でやさしい住まいをつくりたいものです。

33 瓦

日本の住まいの美しさは、屋根の美しさによるといってもよく、それが美しい景観を形づくってきました。

日本は高温多湿で、雨が多いので、勾配屋根で、瓦葺が最も適していたのでしょう。

身近なところにある自然な素材を使って、住まいがつくられてきました。瓦も同様に、粘土を成形して、窯で焼いてつくられていました。適度に吸湿性もあり、時の経過と共に味わいが増して、古くなるほど、ますます趣が出てきます。

しかし、現在は、瓦は工場製作となり、限りなく均一な製品ができるようになり、むらがなくなりました。昔は、土を接着剤として、瓦を葺いていましたが、どうしても長い年月の間に土のねばりが無くなり、瓦がずれてきたりしますので、今では、土は、棟とか軒先などの特定のところだけに使って、瓦桟にひっかけて、瓦を釘でとめていくようになりました。

瓦は、素材により、セメント瓦と、粘土瓦に分けられます。セメント瓦は、セメントモルタル製の屋根ふき用の瓦です。粘土瓦は、和瓦と洋瓦に区分されます。和瓦は形状によって、J形、S形、F形に分けられ、製法によって、釉薬瓦、無釉瓦、いぶし瓦に分けられます。洋瓦は、フランス形、S形、スパニッシュ、イタリア形などがあります。このように、瓦には、たくさんの種類があります。住まいのデザインに応じて適材適所に瓦を利用して、周囲の景観にあった、屋根の美しい住まいをつくりたいものです。

34 畳

夏、部屋の戸を開け放して、畳の部屋に寝転がって、通り抜ける風を感じることは、とても気持ちいいものです。日本の住まいは古来より、畳の寸法により、家の寸法や広さが決められてきました。部屋の広さを畳の枚数で、6帖、8帖などといっています。規格寸法の違いによって、関西間、四国九州間、関東間があります。関西間は、畳寸法が191×95・5㎝であり、どの部屋に持っていっても畳はそのまま使えます。四国九州間、関東間は、柱芯寸法で決めているので、各室ごとに、畳寸法が違っていて、互換性がありません。

畳は、畳床、畳表、畳縁からできていて、畳床のないものをござ、薄べりといいます。畳は、保温性、弾力性、触感などに優れており、表替えをして繰り返し利用できます。

畳床は、伝統的な稲わら畳床と、ボード類を使った化学畳床がありますが、現在では、化学畳床が多く使われています。畳表は、い草を原料にしています。い草には、さらっとした肌触りと独特の香りがあります。国内では、い草栽培農家が減少しており、現在では畳表の6割は中国産い草です。その他に、い草に似たものや、紙から作られているものもあります。

畳縁は、自然素材の他にビニール製のものもあります。児島が日本一の生産地で、色合いも豊富にあります。畳縁のない畳も、よく使われています。

畳の良さをもう一度見直して、和室の復活と、畳の新しい利用法を考えて頂いて、楽しい豊かな住まいをつくって欲しいと思います。

35 石

石といわれて、すぐ思いつくのは、古い住まいの基礎の石でしょう。

日本の住まいは、敷石を敷いたり、礎石を敷いてその上に土台や柱を建てて、住まいをつくってきました。

また石は、床石貼、床見切石、巾木、独立柱の沓石、浴室の腰石張、屋根材などとして、使われてきました。

長い年月を経て、生成された岩盤から得る石は、天然素材として、大変貴重な素材です。

石は、不燃材料で、耐火性、耐久性に富み、圧縮強さが大きいことが利点です。欠点としては、比重が大きく、質がもろく、長大材が得にくく、硬すぎるため加工が難しいことなどがあります。

石は、木材、鉄と異なり、構造材には適さないが、意匠材として、石垣、舗装などにも、利用されています。

また、砂利、砂、砕石などは、コンクリート骨材、左官材料などにも使われています。

自然石は、岩石の成因によって、火成岩、水成岩、変成岩に区分されます。

火成岩には、花崗岩、安山岩、石英せん緑岩などがあり、水成岩には、凝灰岩、砂岩、粘板岩、石灰岩などがあり、変成岩には、大理石、じゃ紋岩などがあります。

表面仕上方法も、粗みがき、水みがき、本みがき、割肌仕上、びしやん、小たたき、バーナー仕上などたくさんあります。それぞれの石の特性をつかみ、仕上方法を選んで、適材適所で石を使いたいものです。また、石の新しい利用方法も考えてみましょう。

36 紙

紙と聞くと、すぐに思い浮かべるのは、障子紙とフスマ紙でしょうか。日本の住まいに、なくてはならないものでしょう。障子とフスマで囲まれた日本の住まいは、優しく、くつろいだ空間を形づくっています。

和紙は、こうぞ、がんぴ、みつまた、麻などからつくられる靭皮《じんぴ》からつくられます。和紙には、自然な素材感があり、光の採り入れや遮断、保温、調湿、装飾などに大変役立っています。

障子は、陽光を適度に透かし、室内の温湿度調整に役立つもので、日本の気候に適したものとして、使われてきました。障子紙には、和紙が用いられ、最近では、レーヨン障子紙、プラスチック障子紙もあります。

フスマは、間仕切建具のひとつであり、開閉自在な部屋づくりをするために古くから使われてきました。フスマ紙には、鳥子紙や新鳥子紙などがあります。また、色模様をすり出した唐紙もあります。

紙は、壁や天井、建具に使ったり、屏風、日用の道具、行灯や提灯などの照明器具にも使われます。

住まいから、次第に和室が少なくなってきて、フスマや障子も随分減ってきています。しかし、古くからの伝統に支えられた和紙の良さは他ではかえがたいものがあります。この優れた素材とそれをつくる技術を、私たちは失ってはならないと思います。

これからも、住まいの中に、紙の新しい使い方を考えて、どんどん紙を使って欲しいと思います。

37 竹

竹というと、一番に竹やぶを思い浮かべます。竹やぶは、何か静かで落ち着いた雰囲気がします。

竹は古くから使われてきました。近年、生活用品の材料や、建築資材として、大量に使われ、私たちの生活に、なくてはならないものです。その表皮に美しい光沢をもち、割りやすく、強靭で弾力性に優れています。竹は、ほとんど無駄なく使える材料です。筒状の形のままで、花入れや水筒に使われ、割竹や竹ひごをつくって、ザルやカゴ類を編み、筍は食用にし、葉や皮は食品を包んで使えます。建築や、インテリア、造園にも、多く使われています。柱、床、垂《たる》木《き》、土壁の小舞下地など、現代では主に和風住宅に取り入れられています。床柱、落掛け、天井竿縁、天井回り縁、屋根裏天井の垂木、壁留、照明器具、面格子、障子の棧、網代天井、建具、竹垣などに使われています。

まだけ・はちく・もうそうちく（質が強い。用途が最も広い）。くろちく（紫黒色）。めだけ（壁こまい、竿縁、屋根裏天井に使う。肉薄である）。すすだけ（いろりの煙で自然にいぶしたもの）。さらしだけ、とらたけ、錆だけ、胡麻だけなど。

竹は、いかにも自然を感じさせる素材として愛用されてきました。竹は、種類によって、色、表情、太さ、長さも１本１本異なった自然材料です。適材適所を考えて、使うことが大切です。多くの可能性のある素材なので、その特徴を生かして、住まいのいろんなところに、どんどん利用していきたいものです。

38

鉄

鉄は、古くから使われ、木、コンクリート、ガラスとともに、今や生活になくてはならないものです。

古くから、釘、カスガイ、丁番、取手などの建築金物や、道具類などに使われてきました。木造の古い建物を壊す時に、錆びていても、しっかりと木材に食い込んでいて、耐久性のある四角な釘が見られ、何百年も耐えてきた、その強さに驚くことがあります。

鉄は、強度があり、加工性がよくて、安価ですが、大気中で容易に錆びるので、塗装やメッキなどして、錆止め対策をしておくことが必要です。また、高温になると、著しく強さが低下するので、鉄骨構造では、耐火被覆をしておくことが必要です。

鉄は、冷たくて、重厚な感じがしますが、使い方次第で温かさや、やわらかさ、繊細さなどを、表現でき、自由なかたちに加工することもできます。

鉄は、構造材、屋根材、外装材、建築金物、家具金物、エクステリア製品など、広範囲に使われています。

手仕事の鍛造である「ロートアイアン」では、熱した材料をつちでたたいて成形し、工房制作によるオリジナルな表現ができて、とても楽しく味わいのあるものがつくられます。

暖炉、手摺、物干金物、ポスト、照明、面格子、花器、オブジェ、テーブル、イス、門扉、建築金物など。

ロートアイアンなどで、鉄をもっともっと身近なところに使って、木材との対比を楽しみたいものです。

39 よし

「よし（葭）」ときくと、すぐに「すだれ（簾）」を思い出します。高温多湿の日本の夏を過ごす古来からの生活の知恵が、すだれだろうと思います。室内から、外を見た時、適当に視線をさえぎりながら、さわやかな風が通り抜け、強い日差しを和らげて、とても涼しく感じます。

よしはイネ科の多年生草本で、水辺に自生し、高さは２ｍほどになり、かやよりも、堅くて耐久性がありますが滑りやすいようです。

すだれは、直径３～５㎜のよしをひもで編んだもので、幅は95・５㎝で、長さは85㎝、１１５㎝、１６７㎝などのものがあります。

よしは、国産だけでなく、中国天津産のものが多く使われていて、すだれも中国産のものが多いようです。

よしは、すだれとして外に吊るす他に、腰壁にも使われます。すだれ掛を作っておくと便利です。室内では、主に天井仕上材として使い、また夏には、光をやわらげ、涼しさを感じられるようにするために、紙障子やフスマと入れ替えにすだれ障子としても使われます。トップライトから入る光をさえぎるのに、すだれを使ってもいいでしょう。

自然素材としてのよしを使ったすだれなどの製品を住まいの中で生かして、エコな生活に活用し、いろんな所に利用して、変化に富んだやさしい空間を演出してみたいものです。

ひとりごと

おすすめの住まいづくり素材

住まいづくりにおいて考えておかないといけないことは、時間が経つと、その住まいがどう変わっていくかということです。

住まいは、長く使い続けられて、時とともに風化し、その時の経過をうまく刻んでいける素材が適していると思います。

素材と材料は、まったく違うものです。人工的につくった木や合板でないムクの本物の木と、ワラを使った小舞土塗壁、漆喰などは、心地良く体に優しい素材だと思います。

こんな素材を使って、経験豊富な職人の手でじっくりと仕事をしてもらって、味わいのある住まいをつくりたいものです。

第5章　住まいと部屋

住まいを計画する時やプランを作成する時、要求条件を満たすようにするために、各部屋について考えておく必要があります。

40 居間

住まいは生活の器であり、一日の疲れを癒し、家族みんながゆっくりとくつろいで、明日への英気を養う場であり、家族団欒の場としても大切です。家という器があっても、温かい家庭のない場合も見受けられます。

住まいの中で、日々生活するうえで、とても大切な場が居間です。

居間は、家族団欒の場であり、多目的に使われます。食事したり、話し合ったり、遊んだり、本当に家族のさまざまな生活の場が、そこで繰り広げられます。居間の場所、広さ、設備について考えてみましょう。

場所は、台所・食堂に隣り合わせの所で、南面して日当たりのいい場所、できれば南東の角が良いです。居間、食堂、台所と一体的に、一室として、利用することも可能です。風通しが良くなることも考えましょう。

広さは、どのような家具を置くのかによって決まりますが、広いスペースをとっても、たくさん家具を置いてしまうと、とても窮屈になります。つまり、家具に合わせたスペースを考えることが大切です。家具を減らして、洋室で座って生活することも考えられます。

設備は、もし可能なら、床暖房があると快適です。照明は、いろんな生活の場面を考えて、明るくも暗くもできるようにしておくといいでしょう。

とにかく居間は、生活の中心で、楽しく、ゆったりとくつろげる温かい空間にしたいものです。

41 台所・食堂

私たちは、健康で生活を続けていくために、食事は欠かすことができません。時代とともに、食生活も大きく変わってきました。家族の触れ合い、楽しい食事の場としての台所・食堂について、場所、広さ、設備について考えてみましょう。

台所食堂の形については、台所と食堂が一室なのか、台所のみ独立で食堂と居間が一体なのか、台所・食堂・居間がワンルームなのかを家族でしっかりと話し合って決めることが大切です。

場所は、居間に隣り合わせの所で、台所は朝日の当たる北東の角か南、食堂は東か南に面していた方が良いでしょう。広さは、台所独立の場合4～4・5帖、台所食堂一室の場合8～10

帖、食堂居間一体の場合12帖、台所・食堂・居間が一体の場合16〜18帖程度でしょう。

設備は、調理器具・食器収納・食材収納・ゴミ保管などです。

調理器具は、流しとコンロだけの時代から、システムキッチンの時代へ大きく変化し、たくさんの器具が備わっています。熱源として、ガスか電気かは、ライフサイクルコストを考えて決めましょう。収納スペースは、物を整理し、最低限きっちり取り、部屋の中に物があふれないようにしましょう。ゴミも分別して、保管できるスペースもつくりましょう。

とても便利な設備がたくさんありますが、本当に必要なものだけを、しっかり選んでつけるようにしましょう。

42

子ども室

住まいを考える時、必ず問題になるのが子ども室です。

親の書斎や家事室は犠牲にしても、子ども室を取るのはなぜでしょうか。親の子どもへの期待の大きさを示しているのでしょうか。ある本によると、「子ども室は用意してあるのだが、子どもはその部屋をあまり使っていなくて、家の中の自分の気に入ったところで本を読み、勉強している」と書かれていました。つまり子どもは、居心地の良いところ、親との会話のできるところ、家族の気配の感じられるところにいたいように思われます。

子どもが何人もいる場合は、個室化しないようにし、できるだけ広い一室にしておいて、成長に合わせて、必要な時に簡単に間仕切ができるように考えておきましょう。

また、将来、子ども室がいろんな用途に変えられるようにしておくことも大切です。

子ども室の場所、広さ、仕上、設備について考えてみましょう。場所は、2階の南面した日当たりのいい場所で、吹抜けなどで、1階の気配の感じられるところがいいでしょう。

広さは、家具の配置も考えて、1人4・5帖から6帖は、必要でしょう。仕上は、自然素材を使って、健康で温かさのあるものにしましょう。設備は、できるだけ、必要最低限にとどめておきましょう。

とにかく、子どもが楽しく、のびのびと住まいの中で、過ごせるようにしたいものです。

43　寝室

寝室といっても、子どもが小さい間は、親子一緒に寝て、成長すると、子どもは子ども室を使うと考えて、ここでは大人の寝室について考えてみたいと思います。

睡眠は健康な生活の基本です。心地良い眠りは明日への活力の源となります。居心地の良い、気持ち良い寝室をつくりたいものです。

まず和室にするか、洋室にするか考えてみましょう。和室は、毎日布団を片付けますが、年とともに布団の上げ下ろしが大変になってきます。その時は、ベッドに切り替えてもいいでしょう。

子どもが小さい間は、和室は便利が良いでしょう。

次に、寝室の場所や広さ、仕上、設備について考えてみましょう。場所は、できれば南の日当たりの良いところが良いでしょう。特に老人の方と同居の場合は、南東の角が一番良いでしょう。

納戸やクローゼットの位置も注意しましょう。広さは、和室なら6～8帖ぐらい、洋室ならベッドなどの家具の配置を考えて、10帖ぐらいは必要でしょう。仕上は、自然素材で吸湿性のよいものを選びましょう。

音については、遮音、吸音を心掛けましょう。設備は、照明は間接照明として、必要なところに、スタンドなどを置きましょう。床暖房があると快適でしょう。できるだけ自然を取り込んで、エアコンの利用を少なくしたいものです。寝室の設計にあたって、ホテルの客室を参考にしてはいかがでしょうか。

44 和室

日本の住まいには、必ずといっていいぐらい、たくさん和室がありました。しかし、現在では、生活の洋風化にともなって、住まいの中から和室がどんどんなくなり、和室がひとつもない住まいもつくられています。

「日本の住まいはウサギ小屋だ」と言われたこともありますが、洋風化した現在も、和室的イメージで住まいがつくられ、洋室が狭くて、家具に占領されて、窮屈な感じがみられます。

和室で構成された日本の住まいは、柱梁構造でつくられ、高温多湿な日本の気候風土に根ざしたもので、フスマなどの可動間仕切により、空間の連続性が保たれ、大、小自在な空間がつくられてきました。

日本の住まいは、畳寸法をもとに計画されており、特に関西地方では、どの部屋の畳も同じサイズの191×95・5㎝という寸法で、畳はどこにもっていってもそのまま収まり、互換性があり、経済性もあります。和室も洋室も畳の枚数で部屋の広さを表現しています。そして、和室は少ない家具で多目的に使え、シンプルな生活ができます。

昔、使われていた直径80㎝程度の円形の折りたたみ式のちゃぶ台は、すばらしい家具だと思います。ちゃぶ台ひとつで、あらゆる生活の場に対応ができます。これを是非、見直したいと思います。

今こそ、もう一度、住まいの中に「和室」の良さをよみがえらせて、シンプルで豊かな住まいをつくりたいものです。

45 吹抜け

吹抜けとは、上下階で床がなくてつながっている空間のことをいいます。吹抜けにすることで、視覚的に広がりをもたせ、開放感を演出することができます。高さがあって、視線が上へのびて、空間的な広がりが出てきます。上下階の空間の連続性が出ます。形はシンプルでも複雑な空間をつくることができます。古い民家の土間や台所で2階分の吹抜けで、太い丸太梁組のダイナミックな空間に、その展型的な吹抜けがみられます。

吹抜けは、玄関、階段、リビングに設けられることが多いです。風や光が通り抜けて、とても気持ちいいですが、冷暖房の効きが悪くなり、臭いや音が伝わりやすくなり、また照明器具などのメンテナンスが、幾分、大変になります。空気を循環させ部屋の温度を均一に保つために、天井にシーリングファンなどの器具を設置することも考えられます。吹抜け部分の部屋の床には、できれば床暖房をしたいものです。照明や空調の計画を十分に検討しましょう。吹抜けをつくることの長所と短所がありますが、家族の気配が感じられ、住まいの一体性が高まり、空間的には、とても豊かになります。

吹抜けの面積が広くなると、構造的に弱くなりやすいので、耐震要素の配置を十分に検討して、丈夫で、より安全な吹抜け空間をつくりましょう。そして、もし可能なら、住まいの中に吹抜けを設けて、明るく楽しい住まいにしたいものです。

46　玄関

住まいを訪れる時、外部から門を通り、アプローチを通って、玄関に至る、その間のしつらえも大切です。心の準備ができて、どんな住まいが現れるのか、とても心わくわくするものです。

玄関の戸をあけた時、驚くような空間に出会えることもあります。玄関は、人を住まいに迎える時、初めて出会う空間なのです。どこが玄関なのかわからない住まいもありますが、自然と玄関がわかるようにしておきたいものです。

玄関は、そこに住む人の温かいもてなしの心をしっかりと表したものにしたいと思います。

玄関の戸は、とても大切です。できれば本物の木などの素材感があるものにしたいです。引き戸とし、二重ロック付とし、網戸もつけて、自然の風の流れも取り込みたいです。

玄関の場所、広さ、仕上、設備について考えてみましょう。

場所は、南東、西北の方向がいいでしょう。家相上とても重要ですので、見てもらって決めましょう。

広さは、畳2帖程度は必要でしょう。ホールとの関係をみて、決めましょう。仕上は、床、巾木は、洗い出し、石貼、タイル貼などとし、壁、天井は、板貼、塗り仕上などがよいでしょう。

設備はベンチ、下足箱、傘立て、コート掛、ゴルフバック入、などを設けましょう。照明は、少し明るめにしましょう。シンプルで上品で、しっとりと落ち着いた玄関にしたいものです。

47 土間

日本の民家では、古来、田の字型の間取りが多く、玄関につづいて奥に連続した土間があり、そこは大体、台所になっていました。土間から座敷に上がる時、はきかえをする時には、下が下足箱となった高さ40㎝程度のベンチ式の式台より上がっていました。

台所も、土足のまま調理が行われ、食事は、土間でもとっていたし、座敷に上がって、板の間や和室で、ちゃぶ台で、みんな囲んで座って食事をしていました。つまり、土間は、外と内をつなぐ空間として、とても便利で、応接、休憩、自転車置場、食事の下ごしらえ、食材置場、物づくりの場など、多目的に使われていました。外から帰ってきて、土足のまま、用事をすませることができていました。

もともと土間は、ほとんど、土に石灰をまぜて、よくつき固めてつくった、たたき（三和土）仕上でした。

三和土は、自然で素朴な仕上でしたが、長い間に表面が、でこぼこしてきたり、色合いが変わってきたりします。

現代では、いろんな床仕上が可能です。床暖房もできます。ストーブや暖炉も取り入られます。

土間空間は、民家では骨太の構造で、丸太梁のダイナミックな架構がみられ、緊張感のある、空間をつくっていました。このような、長い歴史のある土間をしっかりと見直して、少し広めの土間を取り込んで、そこが多様な生活の場となる、楽しい住まいを考えたいものです。

48 縁側

日本の民家には、大体、縁側がありました。和室の、2間、3間続きの南側に縁側があり、内と外のつなぎの空間として、ここは、多目的に使われていました。

障子をはずして和室と一体にして宴会に使われたり、近所の人たちとの交流の場になったり、ひなたぼっこをしたり、夕涼みしたり、昼寝をしたり、遊んだり、物を干したりするのにとても便利な場所です。

日本の民家の象徴的な空間であり、無駄なようですが、ゆとりの空間として、多くの機能をもっていました。高温多湿な日本の住まいになくてはならない空間でした。

縁側の場所、広さ、仕上、設備について考えてみましょう。

場所は、南側の一番日当たりのいいところにしましょう。場合によると、北側にある時もあります。

また、玄関から直接縁側に行けるようにすると便利です。広さは、奥行、半間（95㎝程度）の場合もありますが、できれば0・75間（１４０㎝程度）は、欲しいです。１間（１９０㎝程度）あると十分です。

仕上は、床はフローリング（ムク材）がいいでしょう。壁は、左官仕上がいいでしょう。天井は、左官仕上か板貼とし、梁現しにした、勾配天井にしたりして、変化のあるものにしましょう。

設備は、コンセントをいくつかつけておきましょう。カーテンは、ダブルで、少し厚手のものにしましょう。いろんな使い方を考えて、楽しい、豊かな縁側をつくりたいものです。

49

階段

子どもは階段を見たら、かけていって、昇りたがります。上に昇ることで、夢を持たせてくれるのでしょうか。そんな時、お母さんはきまって「あぶないよ」と声をかけます。

住まいは、安全・安心でなければいけませんが、階段は危険な要素をもっています。転落、落下事故の原因にもなっています。とにかく、上下の移動だけでなく、そこで楽しめるたくさんのしかけのある階段をつくりたいと思います。「階段からいろんな部屋が見わたせる。踊場に本棚があり、本が読める。素敵な手摺がある」など、安全で風や光が通りぬけ、明るくのびやかな楽しい階段にしたいものです。

階段の場所、広さ、仕上、設備について考えてみましょう。

場所は、玄関の近く、居間の中、北側廊下奥などです。直階段、廻り階段、L型階段のどれにするのかによっても変わってきます。階段の場所は、住まいを決めるとても大切な要素となります。

できるだけ、住まいの中心に階段をおかないようにしましょう。

広さは、できるだけゆったりつくりましょう。階段の幅は85～90㎝以上、踏面は22～24㎝以上、け上げは20㎝前後以下ぐらいは、欲しいです。

仕上は、階段本体は、木製とし、段には滑り止め加工をしましょう。内装は、連続した部屋と合わせたいです。設備は、しっかりとした手づくりの手摺、脚元灯、明るい照明などをつけましょう。

50 便所

住まいのうちで最も大切にしたい場所が、便所だと思います。一日に5、6回は、必ず利用するところです。明るく、清潔で、心地よく、落ち着いた空間にしたいものです。私は、朝、便所で、一日のスケジュールを考え、連絡し、日記を書いたりします。私にとって、ひとり静かに、最も落ち着ける場所が便所です。

便所の場所、広さ、仕上、設備について考えてみましょう。

場所は、昔は不浄なところとして、西の床の間の裏や、土足に履き替えていく北の便所が普通でした。

しかし、現在は、下水も普及して、水洗便所となり、他の水廻りと一緒に誰でも使いやすい北の方につくられています。

また、便所は、2階も含めて、2ヶ所は欲しいです。広さは、畳1帖より少し広めがいいでしょう。

車イスの利用を考える時は、畳2帖近く、必要でしょう。

仕上は、床は木のムクのフローリング、タイル、石などです。腰は、木のムク板、タイル、石などです。壁は、珪藻土、しっくい塗などが良いでしょう。湿気や臭いを吸ってくれる自然でやさしい仕上にしたいものです。設備は、洋便器などは、必要な機能をよく選んでつけましょう。換気扇は必ずつけ、給気口を設けましょう。

その他、床は段差なしとし、出入り口は引き戸とし、掃除具入、小物入、飾棚、ストーブや扇風機などの置場も考えておきましょう。

51 浴室・洗面室

心と体をリフレッシュするために、浴室・洗面室はとても大切な場所です。ゆっくりと入浴できて、一日の疲れがとれる、くつろいだ楽しい空間にしたいものです。

浴室・洗面室の場所、広さ、仕上、設備について考えてみましょう。

場所は、北や東で、水廻りが集まった所がいいでしょう。大体、1階に設けるのが一般的ですが、もし2階に設ける場合は、防水や構造に注意しましょう。外に坪庭などを設けるのも、くつろいだ雰囲気づくりに役立つでしょう。

広さは、浴室・洗面室とも、畳2帖程度は必要でしょう。少しでも広い方がゆったりできます。

浴室は現場施工と市販のユニットバス利用の場合があります。どちらも一長一短がありますので、よく考えて決めましょう。

仕上は、現場施工では、床・腰はタイル・石貼とし、水のかかりにくい壁・天井は、檜板などがよいでしょう。浴槽は、人造石、ホーロー、木などがありますが、木の風呂はとても気持ちいいものです。

設備は、給湯、追い焚き、熱源はガス・電気など、浴室暖房換気扇も便利がいいでしょう。

洗面室は、換気扇、洗面ユニット、洗濯機置場、整理タンスなどが必要です。

とにかく、浴室・洗面室は、ゆったりと、やさしい空間にしましょう。

52　収納

生活が豊かになり、家の中は、たくさんのものであふれています。「ものに囲まれた生活」が当たり前になっています。生活をするために、必要なものを、住まいの中で、どこに収めるのか？

そして、いらないものを捨てることも大切です。

自分の本当に気に入ったものをよく選んで買ってきて、長く愛着をもって使い込み、少ないもので、シンプルな生活をすることが、今もっとも大切だと思います。

ひとつの住まいの中には、少なくとも8帖の部屋にいっぱいになるぐらいのものがあります。住まいづくりにあたって、まずものの整理をしましょう。

住まいを設計するとき、「収納をたくさんつくって下さい」と、たいてい言われます。収納は、あればあって、ものがどんどん増えていきますので、それぞれの部屋や場所に合わせて、必要最低限の収納をつくりましょう。

収納するものについては、「いつも使うもの」「時々使うもの」「年に1~2回使うもの」など使用頻度に分けましょう。「四季で入れ替えしないといけないもの」「大きいもの」「家具」なども、置く場所を考えておきましょう。「どこに何が入っているのか」すぐわかるようにしておき、必要なものが必要な時にすぐに取り出せることが、一番重要です。

目的に応じて、小屋裏物入、倉庫、外部物入なども必要でしょう。

収納スペースについては、しっかりと考えてからつくりたいものです。

ひとりごと

健康・快適なエコの取り入れ方

古来より、高温多湿の日本の住まいは、「夏をむねとすべし」といわれてきました。

とにかくエアコンに頼らなくても、できるだけ自然状態で住める住まいをつくるよう工夫し、「光と風のよく通る住まい」をつくりたいと思います。

それぞれの土地や敷地によって、光の当たり方、風のくる方向が違います。

その土地に立って、しっかりと調べて、住まいの開口部を決めることです。

プランはシンプルにし、風の通り抜けを考えて、間仕切は少なくして開放可能なようにすることが大切です。

地窓やランマを設け、窓は開放できるようにしましょう。

第6章　住まいと外構

住まいの外部廻りや外構について考えてみましょう。
門から玄関に至るアプローチにも影響があります。

53 バルコニー

バルコニーは英語でbalconyと書き、西洋建築で、屋根のない手摺つきの張り出し縁のことで、露台（ヴエランダ）ともいい、ベランダは、英語でVerandaと書きます。

バルコニーは、2階の居室の南側に設けていて、物干し場や、イス、テーブルを置いたくつろぎ空間として利用されています。また、空調機の室外機置場としても便利です。本来は、屋根がないようですが、利用状況からみて、屋根付きの方が好ましいようです。特に、屋外にあるので、床の雨仕舞には、十分に注意して、防水仕様には、万全を期して、排水溝、ルーフドレーン、トユなどに注意し、水勾配は、しっかりとつけておきたいものです。

床は、重さの関係もあり、コンパネ二重貼、FRP防水にするといいでしょう。防水は、排水溝内もして、壁の立ち上がりは、十分にとりましょう。手摺は、高さ110㎝以上とし、風の通りを考えて、格子状の木製、アルミ製などの手摺がいいでしょう。できれば、バルコニーは、本体から外へ柱を立てて、設ける方がいいと思います。もし、雨漏り等あっても、被害が少なくてすみます。

また、壁から持ち出す、片持式の場合は、特に仕上を軽くして、長い間に、前に下がらないように工夫しましょう。バルコニーの奥行きは、95㎝よりは、120㎝、135㎝、150㎝と広い方が、さまざまな利用に便利です。できれば、2階にバルコニーをつけて、楽しい、住まいの演出をしたいものです。

54 濡縁《ぬれえん》

「ぬれえん」とは、本来、雨戸の外につくった狭い縁側のことをいいます。古くから、和室に縁側がついていて、その外側にぬれえんが設けられていました。室内と屋外をつなぐものとして、また、内部に広がりをもたせるものとして、「ぬれえん」が設けられています。外から来られる来客と、一寸、団欒する場としても使われています。

住まいの洋風化とともに、テラスの代わりに設けられ、「ウッドデッキ」と呼ばれ、本来は、屋根なしだったものが、屋根つきのものもできて、部屋の延長として、とても、多目的に使われるようになりました。

内外の床の段差については、できる限り、少なくした方がいいですが、雨仕舞の関係もあるので、サッシ下枠の下に床面がくる程度にしましょう。

デッキの床材は、木材、プラスチックなどがあります。木材は、防腐木材、腐れにくい木、檜などありますが、一長一短があり、外部で雨にも当たりやすいので、いずれにしても、もし、腐ったり、傷んだりしたら、取り替えるぐらいの気持ちでいた方がいいかと思います。塗装は、防腐剤入りの浸透性の自然塗料を塗るのがいいでしょう。屋根を設ける場合は、ガラス、ポリカ、鉄板など、目的に応じて、選びましょう。できるだけ、屋根をつけておいた方がいいでしょう。

庭との関係もよく考えて、楽しい生活の演出に役立つデッキをつくりたいものです。

55 物干場

住まいづくりで、一番頭を悩ますのが、物干場をどこにどうとるかということです。現在では、全自動の洗濯機で、乾燥までできて、とても便利になったけれど、やはり、自然の太陽の光と、風で乾かすのが、一番気持ちがいいでしょう。洗濯スペースがどこにあるか、どこを通って、物干場までいくのか、よく考えておきたいものです。1階に洗濯室があったら、1階に干すのが、自然かと思います。外出していて、もし、雨が降ってきても、問題のないようにしておきたいものです。

物干しの方法には、次のようなものがあります。
①バルコニーに干す……梁、壁に金物をつける
②庭に干す……一番簡単です
③専用の物干場をつくる（屋根付）……費用がかかる
④室内サンルームに干す……サンルームか室内を利用する
⑤軒先に干す……建物の軒先より、金物をつるす
それぞれ一長一短があります。物干金物は、金属製、プラスチック製など、市販のものがあります。木製で、大工さんにつくってもらうのも、一体感があっていいでしょう。また、ロートアイアンなどで、作家の方につくってもらうこともできます。手づくりはとてもいいものです。

洗濯物が外から見えるのは、あまり美しい光景ではありません。

景観にも配慮して、人目につきにくいところに干す、心配り、気配りをしたいものです。

56　ポーチ

ポーチ（Porch）とは、建物から外側に出た玄関の一部です。玄関の前に設けた屋根つきの

部分で、その下の部分をポーチといいます。また、柱に支持された屋根を持つ吹放ちの歩廊でもあります。

つまり、玄関に出入りするための雨よけの場であり、来客との対応の場でもあります。ポーチがあることにより、玄関に深みを与えることができます。ポーチのあり方によって、住まいの顔として、住まいに豊かさが加わります。ポーチのタイプとしては、主として、次のようなものがあります。

①庇のみの場合
②柱をたてて、主屋より出す場合
③主屋の一部にくい込ます場合

それぞれ、プランの状況や配置の状態によって、決めましょう。ポーチの広さは、1坪程度（180×180㎝）は、欲しいです。できるだけ、広くしたいものです。広くとれる場合は、そこが、自転車置場になったりもします。ポーチの床仕上は、すべりにくい仕上とし、玄関との連続性を考えて、決めましょう。石貼（バーナー仕上）、豆砂利洗い出し、深草洗い出し、磁器タイル貼などがあります。もし、スロープをつける場合は、1／10〜1／12の勾配にしましょう。屋根仕上は、日本瓦葺、銅板葺、鉄板葺などがあります。ポーチ全体の形は、アプローチや主屋の仕上との調和をよく考えて、決めましょう。

57
犬走り

犬走《いぬばし》りとは、犬が通れるくらいの幅しかない道という意味合いから呼ばれています。

建物の周囲や軒下部分で、建物が地表に接する部分を保護するものであり、視覚的にも、建物の裾を引き締める意味を持っています。建物の基礎廻りを雨などのはねかえりから、まもる役目をしています。また、犬走りは、建物に奥行きを与え、やさしさをもたせ、庭との一体的な連続性をもたせるためのつなぎの役目も、持っています。

犬走りの幅は、60~120㎝ぐらいで、大体、軒先から、ちょっと入ったぐらいです。軒先に雨樋をつけない時は、犬走りの端部に排水溝をつけることもあります。これは、犬走りとの仕上の一体性を考えたものとなります。犬走りの仕上は、どうしても雨がかかるので、すべりにくい仕上にし、外に向かって少し水勾配をつけましょう。

次のような仕上があります。深草洗い出し、豆砂利洗い出し、コンクリート洗い出し、モルタル仕上、三和土《たたき》、レンガ貼、タイル貼、石貼、砂利敷、歩道ブロック敷、瓦敷など。犬走りの高さは、地面から20㎝ぐらいがいいでしょう。犬走りは、設備機器の置場（温水器、空調室外機、プロパンガスなど）にもなりますので、その時は、機器の所要寸法に合わせて、犬走りをつくりましょう。いろんな工夫をして、住まいや庭と一体化した、楽しい犬走りをつくりたいものです。

58 車庫

車社会になり、一家に3、4台も車があることが普通になっています。車をどこに入れるのか、車庫はどうするのか、一番頭を悩まします。

住まいをつくる時に、外部空間の計画もやっておいて、一体的に一緒に車庫も考えていくのが良いと思います。住まいは、思い通りのものができあがって、住み始めてしばらくたってから、外構工事をすると、どうしても住まいとバランスがとれないものができあがっていることがよくあります。

住まいと、一体的な車庫、住まいに組み込まれた車庫の場合はいいのですが、独立して、アプローチの廻りにある車庫の場合は、なかなか難しいものです。

市販の既製品と、手づくり現場施工とがあります。市販品の場合は、大体、アルミ製ですが、鉄骨立体トラス製のものもあります。手づくり現場施工の場合は、鉄骨造、木造などがあり、3、4台と置く場合には、大スパンのとばし方を構造的に検討し、シンプルで、簡素で美しいデザインになるように、しっかりと検討しましょう。

住まいと同じようにつくると、費用も大分かかります。安易に妥協しないようにしましょう。あまり、交通量の多い道路に面して車庫はつくらないようにしましょう。また、歩道のある時は、切り下げ等にも注意しましょう。とにかく、車の出入りのしやすい、安全、安心な計画をしましょう。

59 門

門とは、敷地と外部を区切る塀や垣に、通行のために開けられた出入り口のことです。門の脇の柱を門柱と呼び、門の扉を門扉と呼びます。昔は、和風建築に調和した、本格的な木造建築の門が多くみられました。門扉は木製板戸と格子戸の二重で、脇には小さなくぐり戸がありました。しっかりとした日本瓦葺の屋根がありました。住まいの多様化とともに、いろんな門が、つくられるようになってきました。街並みを歩くとまず、門が目につきます。つまり、門は、その住まいの顔であり、その家の風格を表しているように思えます。住まいや塀や、周辺環境との調和も考えて、つくることが大切です。

門の位置は、玄関の真正面ではなくて、正面を少しずらした位置で、家相をみて、決めましょう。人や物の入りやすいところに設け、必要に応じて、勝手口もつけましょう。門は道路から1・5〜2mぐらいひっこめてつくるといいでしょう。屋根をつける場合は、あまり重くならなくて、安定感のある構造をしっかり考えましょう。屋根材は、瓦、銅版、鉄板などがあります。門柱は、コンクリート、木材、鉄骨でつくりますが、門扉の重さに耐えられるものにしましょう。門扉は、幅は140〜160㎝で引き違いか、両開きとし、片開きの場合は、幅80〜90㎝にしましょう。高さは、120〜140㎝程度としましょう。門扉には、アルミ、アルミ鋳物、スチール、木製などがあります。市販品も、いろんなデザインのものがあります。しっかり工夫して、街歩きが、楽しくなるような門をつくりたいものです。

60　塀

塀は、住まいの敷地のまわりを囲む、囲いです。自分の土地の境界に囲いをつくり、自分の所有をはっきりと明示しているものです。

立派なお屋敷ほど、中の様子が見えない高い塀をめぐらせています。周りの人が近づきにくく、何か威圧感を感じることがあります。狭い敷地を塀で囲むと、余計に、狭さを感じます。できれば、あまり塀をつくらず、街並みと一体にしたいものです。ただ、安全、安心で、防犯のために、塀で囲っていることが多いようです。住まいを計画する時に、しっかりと外構計画も立てておいてから、庭や門とのバランスをとりながら、塀についても考えましょう。

塀は、街並みとの調和を考えて、道行く人に住まいの様子が感じられるようにし、温かく、やさしい塀にしたいものです。塀の高さは、道路からの敷地の地盤高さも考えて、少し低めにし、道路から、高さ140〜150㎝ぐらいにしたいです。できるだけ、風が通り抜けて、しかも、中が見えにくくて、ちらちら見える程度にしたいです。塀の仕上や構造は、住まいや周辺の状況をみて決めましょう。

次のようなものがあります。土塀（しっくい塗、日本瓦葺）レンガ積、石積、石貼、竹垣、生け垣、木造（板貼、しっくい塗）コンクリート打放し、フェンス（アルミ製、スチール製）、化粧ブロック積など。形、仕上なども工夫して、楽しくて、落ち着いた塀をつくりましょう。

ひとりごと

外構についてのイチオシアイデア

良い住まいができても、外構が住まいと調和していないと、とても不自然な感じがします。

住まいの計画の時から、住まいと一緒に外構のことも考えて計画しておくことが大切です。

つくる時期は、ずれても、当初計画を思い起こして、全体のバランスや周囲の景観との調和を考えて、外構を仕上げていきましょう。

できるだけ、塀などは低くし、自然素材でつくり、生け垣、植込みを設け、道行く人も楽しめるようにしたいものです。

「風が抜け、目線をさえぎる、木の板塀」と「鉄をたたいてつくり、職人の技が感じられる、ロートアイアンの門扉」が私のおすすめです。

第7章　住まいと住まい方

住まいを考える時、住まい方や住まいづくりの基本的なことを知っておきましょう。

61 住まいと時間・空間

最近、まわりを見渡すと、つくられている住まいが、だんだんに、味わいがなく、重みが感じられなくなり、無機質になっているように感じます。

一体、なぜこのようになってしまったのでしょうか。

古くからある街並みも、味わいのある、重みのある住まいが、どんどん壊されて、新しい住まいがつくられ、もとの街並みの豊かさは、感じられなくなっています。

時代の大きな流れの中で、「湿式工法から乾式工法へ」「本物の素材から新建材へ」「創るものから買うものへ」「長工期から短工期へ」「自然な環境から人工的な環境へ」「省エネ、断熱化、耐震化へ」「手づくりから機械化へ」と大きく変化して、その結果が、このような住まいになってきたのかと思います。

「失ってはいけないもの」が、今、どんどん失われているように感じられます。

日本の古くからの住まいに対する伝統的な考え方を、うまく取り込んで、現代に生かしていくことが大切だと思います。

ひとは、自分の住んでいる住まいから、大きな影響を受けると思います。

機能性、利便性だけでなく、無駄や、ゆとりのある空間をもたせ、子どもたちに感動を与えられる住まいをつくりたいものです。

つくった時が一番良くて、時とともに悪くなっていくのではなくて、5年、10年、30年と時間の経過とともに、味わいが増して、良くなっていく住まいをつくりたいものです。

住まいづくりにもっと「時間」のこと、経年変化（エイジング）のことを考えて、永く使い続けて、美しく老いていく住まいを、しっかりと設計をして欲しいと思います。

住まいをつくる時、何かひとつでも、ふたつでも、自分の育ってきた住まいの想い出を、新しい住まいに取り込んで欲しいと思います。

62 住まいと民家再生

古くからのまちを歩いていると、美しい街並みの中にあった住まいが、どんどん壊されていて、とても淋しい感じがします。新しい住まいがつくられていても、何か街並みと調和してなくて、違和感を感じることがあります。

今までは「創っては壊し」を続けてきていましたが、これからは、古くからあるものを生かして、使いきっていくことが、資源の有効活用からも大切なのではと思います。壊したあとの建設廃材、ゴミの処分も大変です。今は、分別処分となり、費用もかかり、解体撤去も、大変な仕事になっています。

古くからある住まいも、壊して作り変える前に、残せるものは残して、改修して、新しい住まいによみがえらせるという「民家再生」を行って欲しいと考えます。

古い建物は長い間使ってきて、愛着があり、暮らしてきた人々のいろんな想いが息づいています。住んでいた人の代ごとに必要に応じて、生活に合わせて改造して、今日まで住み続けてこられたのです。

「民家再生」は、古い所はしっかり生かしながら、傷んだりしている部分は、つないだり、取り替えて、そこに新しいものも付け加えて、新旧を調和させて、新しい住まいにかえていくものです。

費用は、場合によっては、新築ぐらいかかる時もありますが、どこをどう直すのか、しっかりと見極めることが大切です。

再生後は、想像できなかったような、とても豊かな空間ができあがります。

工事にかかる前に、地盤、傾き、構造、仕上、白ありなど、しっかり細かく調査して、木製のランマ、障子、フスマ、床板、書院、棚板など、はずして保存しておきましょう。

住まいをつくる計画を立てた時、今、住んでいる住まいがある時は、よく考えて古い住まいをできる限り、利用して欲しいと思います。

63 住まいとコスト

住まいづくりで一番、頭を悩ますことは「コストの問題」です。建築主の思っておられる、出すことのできる予算の範囲内で、工事費をおさえてあげられるかということです。

特に最近は、資材高騰、人件費上昇、大工、左官などの職人の減少などの影響で、工事費が少しずつ上がってきています。住宅はまだいいのですが、一般建築は、5年ぐらい前と比べて40％以上も上がっているのが実状です。その上、ものにより資材がなかなか入ってこないこともあります。

コストについては、業者の頑張り、市場の動向により大きく左右されます。

住まいは「いいものをローコストでつくること」が大切だと考えています。

「品質のいいもの」を少しでも安くつくることです。そして、いいものは、それなりのコストがかかります。安いものはそれなりの品質のものしかできません。

コストは同じ図面で見積もりしても、業者によって5～10％は差が出てきます。とにかく、設計にしっかりと時間をかけて、本当に建築主の要求条件をみたす図面をきっちりとかいておくことが大切です。それにはしっかり実績のある設計者を選びましょう。

次に「本当につくりたい住まいに近いもの」を、つくった経験豊かな施工業者を、設計者に相談して選ぶことが重要です。同じ図面で、同じコストでも、施工業者によって、できあがりが随分かわってきます。見積もりをして、どうしても予算内に収まらない時は、内容を検討して、要求条件に優先順位をつけておいて、我慢できるものはやめて、あとからできるものは次にまわしましょう。

住まいづくりは、建築主、設計者、施工業者の三者の協同作業です。

三者が力を合わせて、努力して、適正なコストで、豊かな住まいをつくりましょう。

64 住まいづくり今昔

古来より、高温多湿の日本の住まいは「夏をむねとすべし」として、冬の寒さ対策より「夏、涼しい家」を目指して、長い間つくられてきました。その間に培われてきた「日本の伝統」を見直してみると、とても素晴らしいものがたくさんあります。

住まいづくりにおいては『温故知新』と『不易流行』ということを、原点にかえってしっかりと見直し、考えてみることが大切だと思います。

日本の風土には、「木造」が適しているということで、その木造の技術は１０００年以上の歴史があり、今も木造で住まいがつくり続けられています。

木造には、伝統工法と在来軸組工法とツーバイフォー工法がありますが、伝統工法は金物をほとんど使わない日本独自の伝統工法として、その技術が確立されていますが、今では技術の伝承ができる大工職人が減って、法的な規制等により使われにくくなっています。

在来軸組工法は、今、一般的に行われている工法で、耐震性が重視され、金物でしっかり補強されています。

「手づくりから機械化へ」「設備の進歩」「耐震性向上」「省エネルギー化」「新建材の普及」「集成材の普及」「自然エネルギーの利用」「住まい方の変化」などの変化により、木造の住まいづくりも大きな変化をとげています。

昔は、住まいづくりは地域の人々の協同作業で行われていましたが、現在では機械化と効率化のために分業化して専門職の方々で行われています。

一生で一大事の住まいづくりにあたって、古き良き伝統は取り入れて、変えていいものと、変えてはいけないものについては、しっかりと考えながら、建築家の方としっかり相談しながら、愛着の湧く、居心地のよい、五感で感じられる豊かな住まいをつくりましょう。

65 住まいとデザイン

「デザイン」という言葉は、いろんなところで使われています。

では、「デザインとは何?」と問われてもなかなかはっきり答えられないのが実情でしょう。

「デザインとは、ものの形を決めること」ではないかと、私は思います。

デザインを決めるには、さまざまな条件を決めて、それを満たすように設計をしないといけません。住まいをつくる時に、設計しながら考え検討して、最終的な形につくりあげることがデザインでしょう。

住まいをつくる時、それにかかわる全てのものが、つくられる住まいに対して調和して、ふさわしいデザインされたもので構成されていることが大切です。

住まいづくりで大切な要素には、次のようなものがあります。
①どこに住むのか（敷地）

②どんな住まいにしたいのか（要求条件）
③いつからつくり、いつ完成すればいいのか（日程）
④いくら費用がかかるのか（建設費）
⑤資金はどうして集めるのか（資金計画）

これらすべてのことを解決して、目指す住まいがつくられて、その過程で「デザインをどうするか」が十分、考えられていることが大切になります。

住まいの設計にあたっては、次のようなことを考えながら進めていきます。

「周辺環境との調和」「和風、洋風、現代和風などの選択」「工法、構造の選択」「材料の選択」「電気設備の選択」「機械設備の選択」「外部空間の構成」など。

住まいづくりは、とても多方面にわたり、たくさんのことを決め、デザインしながら進めていきます。パートナーとして、経験豊富な建築家にお願いして、環境にやさしく、シンプルで美しく、必要に応じて改修しながら、永く使い続けられる、居心地の良い住まいをつくりたいものです。

66 住まいと法規

住まいをつくる時、たくさんの法規に準拠する必要があります。

どんなに、私はこうしたい、ああしたいと言っても決められた法律や規準は守らなければいけません。そのうえで「つくりたい住まい、望ましい住まい」を実現しなければなりません。

土地を選ぶ時、その辺をしっかり注意しないと思う住まいがつくれないことがあります。

住まいをつくる前に、建築家としっかり相談しておきましょう。

まず、『土地にまつわる法律』として「都市計画法」があります。市街化調整区域と市街化区域に分けられています。

市街化調整区域とは市街化を抑制しようとしている区域で、条件が整わないと住まいをつくることができません。市街化区域では、用途地域が決められていて、それぞれ建てられる建物を制限しています。

次に、『建物にまつわる法律』として「建築基準法」があります。

基準の主なものは次の通りです。
①道路について

建物の敷地は、原則として4m以上の幅の道路に2m以上接していなければなりません。もし、道路の幅が4m未満の場合には、道路の中心線より2m後退した線が道路境界線となります。

②建物の面積について

建てられる住まいの面積は用途地域ごとに「建ぺい率」と「容積率」により決められています。

③建物の高さについて

用途地域によって、建てられる住まいの高さが決められています。道路斜線、隣地斜線、北側斜線の3種類があります。

④防火規制について

市街化区域では、防火地域、準防火地域、法22条地域の3つに分けられています。

これらの規準を満たすように設計して、役所や民間審査機関に書類を提出し、「建築確認申請手続」をして許可を受けて、初めて、住まいがつくれることになります。

67 住まいと耐震

住まいは「住むための器」であり、豊かな住生活が行われるよう、「安全、安心な住まい」であることが大切になります。

地震国日本では、「東北大震災」「熊本大震災」など、全国いたるところで大地震が起こり、どこで地震が起きても不思議ではありません。このような地震に対処するために、建築基準法で耐震規準がきっちりと決められており、住まいをつくる時、これを守らなければなりません。

また、昭和56年6月以前に建てられた古い建物は、耐震診断をして、どの程度の耐震性能があるのか調査し、それに対して適切な耐震補強をしておかなければなりません。「耐震診断」「耐震補強計画」「耐震補強工事」については、各市町村より補助が出ますので、詳細は最寄りの市町村の建築窓口でお問い合わせください。

新しく土地を購入する時は、できるだけ地盤の良い所を選びましょう。住まいをつくる前に、必ず「地質調査」をして、地盤の状況をしっかりと把握し、つくる住まいに適した基礎工事をちゃんとしましょう。必要に応じて杭打などの地盤工事をしましょう。「基礎工事」が住まいづくりの第一歩です。

では、『耐震性の高い住まいをつくるには、どのようにしたらいいのか』木造の住まいについて考えてみましょう。以下のような点に注意しましょう。

①平面プランをつくる時にシンプルにつくる。
②通し柱を少しでも多く、きっちり入れる。
③2階をバランス良い位置におく。
④壁をバランスよく配置する。
⑤1階、2階の壁の位置をそろえる。
⑥壁は少しでも多く入れる。
⑦屋根仕上材はできるだけ軽い材料とする。
⑧骨太の構造軸組とする。

そして、明るく、住みやすい、居心地のよい、シンプルな住まいをつくりましょう。

68　住まいと省エネ

今、わが国では、地球温暖化問題等のために、エネルギー問題に直面していて、CO_2を削減して、低炭素型の社会をつくることが必要になっております。

住まいづくりにおいても、適正な技術を習得して、省エネルギー化をはかることが大きな課題になっています。

住まいの省エネルギーは、①元から断つ、②効率よく使う、③上手に住まうという3つの視点から取り組まねばなりません。省エネ住宅をつくって「より快適で、より健康で、より地球にやさしい暮らし」をすることが大切です。

省エネ住宅をつくる時に、省エネ技術を利用することは大切ですが、その上に、日本に古来からある考え方も、必要に応じて取り入れたらと思います。

住まいづくりにあたって、まず、風や光や日照をうまく取り込めるよう、計画し、夏涼しく暮らすために「すだれ、よしず、オーニング、外付ブラインド、庇」などを活用して、日射しをうまく遮蔽したり、緑を活用して樹木を植えたり、ツル性植物で日陰をつくったり、芝生を植えて地面からの照り返しを防いだりし、夜間は窓を開けて家全体を通風換気により冷やしたりすることも大切です。

省エネルギー住宅を実現するためには「断熱」「日射遮蔽」「気密」の3つの対策が必要です。

「断熱」とは、壁、床、屋根、窓などからの住宅の内外の熱の移動を少なくすることです。

「日射遮蔽」とは、夏は日射しを遮蔽し、室温の上昇を抑え、冷房に必要なエネルギーを削減することです。

「気密」とは、隙間からの空気の移動による熱の移動を少なくするために隙間を減らすことです。

「住宅の省エネルギー基準」に準拠することが大切です。

建築家と一緒に「冬暖かく、夏涼しい」ことが実現できる、快適な住まいをつくりたいものです。

69 住まいと太陽光発電

住まいは「生活の器」であり、人間生活を行っていくうえで、電気やガスなどのエネルギーが必要です。地球温暖化のため、エコ、省エネ、CO_2削減が非常に大切になっています。

そこで、次世代のクリーンエネルギーとして、今、盛んに導入されている太陽光発電について考えてみましょう。

太陽光発電は、屋根に太陽電池モジュールを取り付けて、太陽の光で電気をつくります。つくった電気は家庭で使用して、使いきれずに余った電気は電力会社が買い取ってくれます。停電時の非常用電源としても使え、CO_2を排出しない、環境にやさしいクリーンなエネルギーです。

太陽光発電のメリットとデメリットについて考えましょう。

メリットは次の通りです。

①光熱費が大幅に下げられる。

②オール電化と組み合わせると、さらに電気代が安くなる。

③発電した電気を使えて、余った電気は売電できます。

夜は電力会社から買電（電気を購入）します。

④家族の省エネ、環境に対する意識が高まります。

リアルタイムで電気の使用状況がわかる「カラー電力モニター」を使う。

⑤災害時に活用できます。

専用のコンセントを使って発電している分の電気を使える。

デメリットは次の通りです。

①導入時に必要なコストが高い。４kWの標準システムで約２００万円前後かかる。

②天候や立地条件によって発電量が左右される。

③太陽光発電システムにも寿命がある。

④雨漏りなどの欠陥工事も起きやすい。
屋根に載せるソーラーパネルの総重量は数百kgになるので補強工事が必要な場合もあります。

以上のメリットとデメリットをよく理解して、建築家とよく相談して、太陽光発電を導入して頂きたいと思います。

70　住まいと住まい方

住まいの設計をする時、住まい手の要望をしっかり聞いて、できる限り、満足して頂けるように努力します。設計者として「この住まいは、こんな住み方をして欲しい」という思いも込めて設計します。

住まいができて、住み始めてから、住まいの本当の価値が出てきます。

時々、自分の設計した住まいを伺ってみると、予想に反して、がっかりするような住まいと、感動する住まいに出くわします。

この時に「住まいの住まい方」について、しっかりと考えさせられます。

先日、浴室のドアが壊れたので、築後25年経っている住まいを訪問して、とてもきれいで、よく手入れしておられて、あまり傷んでなくて、その美しさに感動しました。

奥さんにお話を聞くと、特別なことをするのでもなく、日々、当たり前の、掃除、片付けをやっているだけだということでした。つまり「整理、整頓、片付け」「使ったものはもとの場所にすぐ返す」「余分なものは持たない」「不要なものはすぐ捨てる」という、「生活の基本」を家族みんなで守ることかなと思います。

設計者として考えておくことは、単にきれいなだけでなく、時の経過とともに味の出てくる仕上、手入れに耐えうる素材を使っておいて、日々、手入れをして、永く愛着をもって住まいを使い続け、美しく老いていく（エイジングする）ことが、住まいにとって、とても大切なことだと思います。

住まいは器、中味は生活です。どんなにいい住まいをつくっても、そこでいい生活ができるとは限りません。いい生活をするセンスを日々みがいていくことが必要です。

「シンプルで美しく、調和のとれた住まい方」をして、「美しく、住まう」ことを考え直してみてはいかがでしょうか。

ひとりごと

いままで手掛けたご機嫌な住まい

私は、独立以来、私の思いを込めた住まいを約260軒つくってきました。

住まいは、本当に十人十色です。ひとつひとつ、今も思い出がよみがえってきます。

その時、その時の状況の中で精一杯、住まいの設計に取り組みました。

その中でも、2009年5月に完成した「総社・上林の家」は、とてもハードな条件の中、精一杯、知恵をしぼって完成させた『ご機嫌な住まい』です。

この土地は、約2年近くさがし続けて、やっと決まりました。備中国分寺の北の静かで風光明媚な最高の場所にあります。柿の木がたくさん植えてあった畑を開発許可を受けて、宅地にしました。私は、建物を建てるのに邪魔にならない柿木はそのまま残して、造成したかったのですが、許可の条件で、すべて切ってさら地にしないといけないということで、本当に残念でした。その上、予算が1500万

円以下で、住まい手の望む45坪の住まいをどうしてもつくらないといけないという本当に厳しい条件がついていました。用途は、アトリエ、ギャラリー、料理教室、兼住まいという多目的なものでした。それでいて、周囲の自然をうまく取り込んで、光、風の流れる自然な住まいを、できる限り、自然素材を使ってつくることを考えました。今、何をやらないといけないかをしっかり考え、あとからできることは、残しておいて、できるだけつくりすぎないよう、ざっくりとつくりました。

切妻大屋根と片流れの濃い緑色の鉄板屋根と外壁の屋根同材の仕上、白い吹付仕上と、竹や木を使った格子がうまく調和して周囲の景観にとけ込んでいます。

きっとこれからも、どんどん成長し続けていくことでしょう。

住まいをつくる時、しっかりとした考えをもって、時代の流れに流されることなく、何が大切で、本当に何が必要なのか、しっかり考えて、建築家と一緒に住まいづくりに立ち向かって欲しいと思います。

第8章 住まいと設計2

住まいづくりについての、つくる過程で考えるべきことを学びましょう。

71 住まいとユニバーサルデザイン

ユニバーサルデザインとは、特定の人に対して、障害（バリア）を取り除くということに限らず、可能な限りすべての人に対して、使いやすくする考え方です。

次の7つの原則が示されています。

①誰でも公平に使用できること
②使う上で自由度が高いこと
③作りが簡単で使い方もわかりやすいこと
④知りたい情報がすぐに理解できること
⑤使用時、安全、安心で、誤使用しても危険が少ないこと
⑥長時間使用しても体への負担が少ないこと
⑦どのような体格、姿勢、動きでも、快適に使える、大きさ、広さがあること

段差や階段があると、高齢者はつまずきやすく、杖の人は歩行しにくく、妊婦は気を使い体力も使い、誰でも注意をおこたるとつまずくことがあり、車椅子の人は誰かに手伝ってもらわないといけません。

そこで、ユニバーサルデザインの考え方を取り入れると、「段差をつくらない。手摺をつけておく。スロープやエレベーターもつけられるように設計しておく」などとなります。

また、器具類は、使いやすいものとし、高さも低くし、簡単に操作できるものを取り付けるようにしましょう。

これからは、住まいにも、このようなユニバーサルデザインの考え方を取り入れて、住む人も訪れる人も、誰もが使いやすく、居心地のよい、住まいをつくりたいものです。

72 住まいとシックハウス

シックハウスとは、新築、改築後の住まいにおいて、化学物資による室内空気汚染等により、住まい手に、頭痛、吐き気、じんましんなど、さまざまな体調不良が生じることをいいます。

このような症状を、シックハウス症候群と呼んでいて、近年、住まいづくりにおいて、問題となっています。

その原因としては、内装材や塗料、接着剤等から発散する、揮発性有機化合物（ＶＯＣ）や埃、花粉、ダニ、カビなどがあります。

シックハウスが大きな問題になってきたのは、建材、家具、日用品等に多くの化学物資が使用されるようになったこと、住宅の気密性が高くなったこと、エアコンをつけて窓を閉め切ることにより、換気が不足しがちになったことなどが考えられます。

そこで、シックハウス対策として、建築基準法による規制として、主として「ホルムアルデヒド（VOC）対策」が行われています。

「ホルムアルデヒド対策」には、内装仕上の制限、換気設備設置の義務付け、天井裏等の制限があり、内装材には、ホルムアルデヒドの発散の少ない「F☆☆☆☆」の利用、24時間換気システム、給気孔の設置が義務づけられました。

シックハウス対策としても、日当たりと通風の良い住まいとし、内装材の選定に十分注意して、できる限り、吸湿性のある、左官材料や木材などの、自然素材を使って、住む人にやさしい住まいをつくりたいものです。

73 住まいと式典

住まいづくりのまず最初に、家相のプロの方に、その住まいに同居する家族の生年月日等により、地鎮祭、上棟式などの工事の日程をみてもらいましょう。その日程にあわせて、準備、工事を進めましょう。

昔から、工事に際して、節目ごとに、式典が行われてきました。工事の流れに従って、地鎮祭、上棟式、おはらい（入居前）などがあります。式典には、それぞれ費用がかかりますが、お祝い事なので、できるだけ、きっちりとやりましょう。

地鎮祭は、地の神を鎮めるということで、工事の安全を祈願するための儀式です。神式、仏式、その他宗教などで行われますが、一般には、大体、神式が多いようです。地域の神社の神主さんにお願いして、祓い清めてもらいます。

建て主と家族、設計者、施工業者などの、工事関係者が参加して行います。

儀式の準備は、施工業者にお願いし、詳細は、神主さんと相談して、進めましょう。

上棟式は、新しくできた家へのお祝いと、職人さんたちへの感謝と、工事の無事完成を祈願する儀式で、建前、棟上げともいいます。まず、朝一番に塩と酒で清めてから、建て方を始め、満潮を見計らって、棟木をおさめます。その後、上棟式を行います。地鎮祭と同様の供え物をして、棟梁が祝詞をあげます。

餅まきなどをすることもあります。終わったら、職人さんたちへ、祝儀、お酒、折り詰めなどを渡します。詳細は、施工業者に相談しましょう。

おはらいは、入居前に、神主さんに来て頂いて、完成した家を清めて、家内安全、末永い繁栄をお祈りすることです。

いろんな式典を行って、愛着の湧く、居心地のいい、楽しい住まいをつくりたいものです。

74 住まいと工期・工程

住まいづくりは、一生に一度の大仕事です。

一度つくると、50年、60年と、その時々に応じて、手を加えながら、永く使い続けることになります。

昔は、何代にもわたって、永く使うのに耐えられる素材を使い、訓練された職人の手で、じっくりとつくられてきました。木造の場合、身近なところにある木を切り出して、自然乾燥させて、製材をして、初めて住まいの素材となり、大工さんが木を選別して、墨付けをして、1、2カ月加工して、やっと上棟ができました。今は、機械加工（プレカット）して、大体、1週間もあれば、加工できています。

手づくりの住まい、プレファブ的な住まいなど、どんな住まいをつくるのかによって、必要な工期は随分とかわってきます。現在では、職種も多くなり、湿式工法から乾式工法主体となり、機械化が相当進んでいます。工期は、短いもので、2、3カ月、普通5、6カ月、長いもので8～10カ月ぐらいはかかっています。そのことも考えて、住まいづくりの計画を立てましょう。

住まいづくりは、自然が相手なので、最初組んだ工程表通りに進めていても、天候次第で、工期が変わってくることがあります。どうしても遅れがちになることが多いです。できるだけ、ゆとりのある工事の工程を組んで欲しいと思います。安く、早く、維持が楽、だけではなくて、必要な質はちゃんともたせて、つくる工程をじっくりみて、職人さんの技に感謝して、住まいづくりを楽しみながら、心に響く、味わいのある住まいを許す限り、じっくりとつくりたいと思います。

75　住まいとエネルギー

住まいで生活する上で最も大切なものは、ライフラインです。人間の体でいうと血液のようなものです。これが絶え間なく、うまく、自然に循環して、はじめて生きていくことができます。

昔は、エネルギーは、自然の火でした。今は、生活の中から「火」を失ってしまいましたが、また再び、マキストーブや暖炉なども復活の兆しがみえています。「火」が再び家族団欒に役立って欲しいと願っています。

さて、住まいのライフラインは、給水、排水、下水、電気、ガスなどで、特に、エネルギーとして、電気、ガスは、とても大切なものです。スイッチを押すと、すぐに電気がつけられることは、本当に、当然当たり前のことになっています。災害があって、停電などがあって、はじめて気づき、電気のありがたさを感じます。日頃からもっと大切に使わないといけません。今、地球温暖化のため、エコ、省エネ、CO_2削減が叫ばれていて、創エネ、ゼロエネが目標とされています。エネルギーをフルに使って、精一杯、満たされた生活を続けるのではなくて、今までの生活を見直して、節約できるところは我慢して、エネルギーを大切に使いたいものだと思います。

住まいで使うエネルギーは、オール電化、エコキュート、太陽光発電、コージェネなどを全て取り入れて、創エネして、プラスマイナスゼロとして、ゼロエネルギーとすることが、最も理想でしょう。イニシャルコストが随分かかりますが、可能ならば、是非、実現してもらえば良いと思います。住まいづくりにおいて、計画の中に、光や風、太陽光をうまく取り込んで、自然エネルギーをうまく使って、暮らしを見直して、節約もしながら、生活をしたいものです。

76 住まいと軒・庇

日本は高温多湿で、古来から住まいは「夏をむねとすべし」といわれてきました。夏の日射しをさえぎり、冬は十分に日光を取り込めるように、よく考えて住まいがつくられてきました。深い軒があり、窓には大体、庇がつけてありました。家の廻りに柱をたてた下屋があり、それにより住まいに陰影がついて深味が感じられました。雨の日も、窓や戸をあけて、風通しをよくしていました。すばらしい生活の知恵が生きていました。日本の町や村の景観の美しさは、深い軒や庇《ひさし》の素材の統一によってつくられた屋根の美しさによるものと思われます。

現代の住宅には、深い軒や庇のないものが多く、四角なボックスが連続しているようで、住まいの重みが失われています。軒や庇があることで、住まいの耐久性が随分上がり、維持も楽だろうと思います。

屋根の仕上材や軒・庇の出幅について、考えてみましょう。

屋根の仕上材には、瓦、銅板、鉄板、石材、石綿板などがあります。それぞれ一長一短がありますが、やはり、耐久性やメンテナンス、風化のことを考えると、伝統的な瓦が一番いいでしょう。

板金類もよく使われています。

軒の出は、深いほうがいいですが、出に応じて、軒先が下がらないように、下地のタルキの大きさと間隔を十分検討しましょう。出は、80〜100㎝は、欲しいものです。

庇については、出は、窓の上など短いものでは、30〜40㎝、ポーチ、勝手口では80〜100㎝ぐらいがいいでしょう。木の下地に、瓦や板金で葺きましょう。

庇自体をアルミなどの市販品でつくることもできます。

目的や用途に応じて、よく考えてつくりましょう。

77 住まいと地盤

「どこに住むのか」ということは、住まいづくりの第一歩です。

地盤がよくて、いい水が出て、災害の少ない所に昔から住んでいて、そこに美しい集落がつくられていました。ほとんど山ぎわでした。

今は、なかなか、そういうわけにいきません。平地、湿地、がけ地など、どこにでも土地造成をして、住むようになっています。

「地盤が良い所」というのが大切ですが、今は、大体「地盤が悪い」というのが一般的です。

住まいで一番大切なことは、住まいが不同沈下したり、液状化しないよう、地震対策もしっかりとしておくことです。そこで、まず、地盤調査をきっちりとして、その土地の土質、地耐力、液状化、水位などを調べましょう。調査方法には、主なものに、スウェーデン式サウンディングとロータリー式機械ボーリング、標準貫入試験があります。

スウェーデン式サウンディングは簡易な方法ですが、できればロータリー式機械ボーリング、標準貫入試験をして、こまかいデーターを把握しておくといいでしょう。

土質には、礫混じり砂、礫粘土混じり砂、粘土混じり砂、粘土、砂質粘土、強風化花崗岩などがあります。できるだけ、岩盤で建物の荷重を支持したいものです。

地盤の補強方法には、地盤改良、柱状杭、鋼管杭などがあります。できるだけ、より安全側になるような補強をしておきたいものです。設計段階で十分に検討しましょう。

住まいは、基礎が基本です。どんなにいい住まいをつくっても、基礎がしっかりしていないといけません。安全安心で長く使い続けられるよう、地盤をしっかり調査して、そこに見合った安全な基礎をきっちりとつくりたいものです。

78 住まいと家引き

昔は古い建物は壊さないで、敷地内で移動したり方向転換してうまく利用していました。今は古い建物は壊して新しくつくりかえることが多くなりました。

古くても思い出があり、長く使い続けた建物は、壊さないで生かしてうまく使えたらいいのでは、と思います。つまり「家引き」をして再利用することです。

「家引き」とは家屋をそのまま水平移動、上下移動、方向変換させる技術のことです。

家引きは日常生活をしながら、そのままの状態で家を移動したり道路拡張のために場所を移動したり、地盤沈下などによる家の傾きや沈下を直すことなどもできます。土地の有効活用にも最適な方法です。家引きの長所としては、次のような点があります。

①長年住みなれた住まいをそのままの形で移動できます。

②家具、道具などの引っ越しの手間がかかりません。

③解体撤去、新築工事の約1／3程度の費用ですみ、同時にリフォームも可能です。

④解体でないためにゴミ（産業廃棄物）の量が少なくてすみます。

⑤古くなった住まいを新築同様に再生することができます。
⑥普段の生活をしながら移動させるので仮住まいの必要はありません。
家引きで大切なことは、現在の建築法令や耐震基準にちゃんと適合させることです。まず地質調査して地盤にみあった、がっちりとした基礎をつくっておくことです。それから建物をジャッキであげて足元まわりの構造をかためて、そのあと、先につくっておいた基礎の上におろし、土台に固定していきます。古い建物は耐震診断して耐震補強を必ずやりましょう。

家引きをすることにより古い住まいの力も加わって新しい空間がよみがえることがあります。まず、壊す前にその土地の利用計画をしっかりと立てて「家引き」の技術を活用して古い住まいを生かし、楽しい居心地のよい住まいをつくりたいものです。

ひとりごと

思い出に残る住まい

今日まで、多くの住まいをつくってきました。

今、思い出すと、それぞれの住まいに、出会いから完成まで、住み始めてから、今日まで、たくさんのドラマがあり、「住まいづくりは私の人生そのもの」のように感じます。

特に「思い出に残る住まい」は、１９９７年６月に完成した「東総社の家」です。

私の叔母夫婦の住まいで、娘夫婦が両親の老後のために、永く住んでいた住まいを建てかえたものです。

日当たりが悪く風通しもなく、とっても住環境が悪かったのを、南向きにかえて、通風、日照すべてに良くなる、快適な住まいとして、ローコストでつくりかえました。

１階は、和室６帖、２室と中央にＬＤＫ15帖があり、２階分の吹抜けとなっていて、２階には、ホール５帖と小屋裏部屋２室があり、外から見ると平家建の切妻大屋根に見え、それに６帖の玄関が切妻で突きだしています。とてもシンプルな構成で大らかで伸び伸びしています。本当に明

るく、光いっぱいあふれ、南北、東西に風がとてもよく通り抜けます。あけて昼寝をすると、とても快適です。本当に自然状態で住める健康な住まいです。

仕上も、とってもシンプルです。

外装は、屋根は和型釉薬瓦葺で、外壁はラスモルタル刷毛引、一部、杉板タテ張、軒天は化粧現わしです。

内装は、床は桧縁甲板（節あり）、天井・壁はラスボードプラスター中塗仕上、2階天井は、杉板野地板・タルキ化粧現わしです。

現在、約20年たって、時とともに、とてもいい味をかもし出しているのを実感できます。

現在、私は縁あってこの家で1人暮らしています。ここは私の「ついの住みか」になりそうです。以前から、自分のつくったこの住まいに住みたいと思っていたので、とても満足です。

とても心地よく住み、生活を楽しんでいます。

第9章　住まいと素材2

住まいづくりで利用される素材について学びましょう。

79 住まいと断熱材

かつては、自然の恵みである光、風を、うまく取り入れ、小舞土塗壁を利用した自然な住まいが主流で、自然にマッチした住まい方の工夫もなされていました。

しかし、現在、地球温暖化防止のため、CO_2の排出削減が叫ばれ、住まいづくりや、生活全般において、省エネルギーへの取り組みがなされています。

断熱とは、熱が伝導や対流や放射によって伝わるのを、防ぐことであり、それを実現するものが、断熱材です。伝導を防ぐことを断熱といい、放射を防ぐことを遮熱といいます。

断熱材は、冷暖房のエネルギー効率を高めるために使用されるだけではなく、住まいの、内外の温度差を維持するために利用されています。

住まいに一般的に使用される断熱材は、一長一短があり、大体、次の通りです。

①繊維系断熱材

・グラスウール（最安価、耐熱性、吸音性）
・ロックウール（安価、耐熱性、吸音性）
・セルロースファイバー（高価、耐熱性、調湿性、吸音性）

・炭化コルク（高価、耐熱性、調湿性、吸音性）
・羊毛断熱材（高価、調湿性、吸音性）

②発泡系断熱材

・ウレタンフォーム（防水性、現場発泡施工）
・フェノールフォーム（耐熱性）
・ポリスチレンフォーム（安価、軽量、耐水性）

使用に際して、内部結露の起こらないように、断熱材の向きに気をつけましょう。

窓のサッシは、はめごろしではなく、必ず、開閉できるようにしましょう。

壁の断熱は、内断熱、外貼断熱等があり、断熱工法もいろいろありますが、必要に応じ、適材適所で選択し、体に優しい住まいをつくりたいものです。

80　住まいとガラス

ガラスは、木、鉄、コンクリートとともに、住まいづくりに欠かせないとても大切な素材です。ガラスには、熱、空気などの環境を遮断しつつ、光、視線を自由に調節できる特徴があります。ガラスは、ケイ酸、ホウ酸、リン酸などの酸性成分と、ソーダ灰、カリ、石灰などの塩基性成分の原料を、1種または2種以上調合し、１４００〜１５００℃の高温で溶融し、固化したものです。

ガラスは、強さ、硬さなどの力学的性質とともに、屈折、反射、吸収、拡散、透過などの光学的性質も重要となります。また、性能によって、たくさんの種類があります。

フロート板ガラス、型板ガラス、磨き板ガラス、すり板ガラス、網入板ガラス、線入板ガラス、強化ガラス、合せガラス、複層ガラス、色板ガラス、ステンドグラス、紫外線透過ガラス、紫外線吸収ガラス、熱線吸収ガラス、熱線反射ガラス、倍強度ガラス、Ｌｏｗ－Ｅガラス、耐火ガラス、ＨＳガラス、防犯ガラス、ガラスブロックなどがあります。

省エネ、断熱のために、特に、ガラス窓面の断熱効果を高める複層ガラスが用いられ、Ｌｏｗ－Ｅガラスを複層ガラスに使用した、エコガラスも大変普及してきています。

ガラスの大きさ、厚さは、強度や風圧などを検討して決めましょう。

ガラスブロックは、音や熱の遮断効果が大きくて、かつ、装飾用にもなります。

ステンドグラスは、Ｉ形鉛組子を模様状に継ぎ合わせて、これに色ガラスをはめ込んだもので、手づくりでいろんなデザインのものが楽しめます。

とにかく、それぞれのガラスの性能、特徴を十分調べて、適材適所で使いたいものです。

81 住まいとコンクリート

コンクリートは、木材、鋼材とともに、建築用構造材料として、なくてはならない材料です。住まいづくりにおいても、木造や鉄骨造では基礎部分に、鉄筋コンクリート造では構造全体に、使われています。木造では、布基礎やベタ基礎として、コンクリートと鉄筋が一体となった基礎がつくられています。

また、門柱や塀、土間、舗装、モルタル塗、コンクリートブロックなどにも使われています。

コンクリートは、セメント、水、粗骨材、細骨材、混和材料を適当な割合に調合して練り混ぜたもので、セメントと水の化学反応により、硬化して、時間とともに、強度が大きくなります。

長所は、自由な形に成形が容易で、圧縮強度が大きく、耐久性に優れていて、火、熱、水、音、光、空気などに対する抵抗性があり、鋼材の防錆効果が大きく、安価であることです。

短所は、重く、引張り強度が小さく、乾燥により収縮し、ひび割れが生じやすいことです。

ＪＩＳ認定の生コン工場で作られ、生コン車で現場に運ばれて、ポンプ車で圧送して、所定の所へ打ち込まれています。打ち込み時には、しっかりと突いて、バイブレーターで締め固め、密実なコンクリートを打つことが大切です。

仕上には、型枠を外した面をそのまま仕上げ面とする打放し仕上、工具を使って表面を粗くするビシャン・小タタキ仕上、ハツリ仕上、表面がまだ固まらない時に水で洗って仕上げる、洗い出し仕上などがあります。型枠次第で自由な形にでき、肌合いのかわった仕上もできる材料です。

上手に利用して、愛着の湧く住まいをつくりたいものです。

82 住まいと壁紙

住まいの内装材料には、木材、左官材料、ボード類（化粧材）、壁紙などがあります。住まいづくりが、湿式工法から乾式工法にかわり、現在は、壁紙が主流を占めています。

壁紙とは、壁、天井などの化粧仕上材として、下地の表面に張り付けられるシート状のものをいいます。壁紙には、ビニル壁紙、紙壁紙、和紙壁紙、不織布壁紙、織物壁紙、無機質壁紙、木質系壁紙、塗装用壁紙などがあります。

ビニル壁紙は、価格が安くて、施工効率が高く、厚みがあるものが多く、下地の多少の凸凹は、カバーできます。現在、日本では、壁紙のうちビニル壁紙（ビニールクロス）が90%のシェアを占めています。

紙壁紙は、洋紙や再生紙に裏打ちし、印刷やエンボスを施したもので、樹脂でラミネートしています。紙は湿気を吸うので、乾燥すると目地が開いてくることもあります。

和紙壁紙は、こうぞなどの和紙原料にされる繊維を表層に使ったもので、和風のデザインで、風合を重視したものが多いです。

不織布壁紙は、寸法安定性が高く、施工時の伸びがありません。

織物壁紙は、織物に紙で裏打ちしたもので、伸縮しやすく、柄合わせに手間がかかり、汚れが落としづらいですが、自然素材が注目され、見直されています。

塗装用壁紙は、壁に張った後に、水性エマルジョン塗料を塗って仕上げ、塗り重ねもできます。

その他、炭、けいそう土などを使ったエコ壁紙もあります。

近年は、素材感を強調した無地やそれに近いものが好まれています。

それぞれの壁紙の特色を考えて、色や柄も豊富にありますので、建築家に相談して、見本帳をよく見て、適材適所で選びたいものです。

83 住まいと木材利用のすすめ

日本は島国で、国土のかなりの部分が森林でおおわれています。古来より「木の文化」が中心であり、生活のあらゆる場面に木材が、使われてきました。木造建築は、長い歴史があり、日本の気候、風土にもよく合っています。

木は、二酸化炭素を吸収し、地球温暖化防止に役立っており、特に循環型素材として、森林の再生が今、大きな課題となっています。身近な木をどんどん利用して、植林をし、木から林となり森に育てて、循環させていくことが、とても大切です。

木材は、最も使いやすい材料であり、木材の種類は多く、性質もさまざまですが、一般には、軽量でありながら、強度が大きく、通直な長大材を得やすく、また、加工しやすいなどの利点があります。

一方で、可燃性、吸収性、腐朽性、収縮性、不均質性が大きいという欠点をもっていますが、このような、木材の欠点を改善し、加工した各種の木質製品、集成材もつくられています。適材適所で利用していくことが大切です。

木材は木目も美しく、色合いもさまざまで、においも楽しめます。

木材は含水率に注意し、できるだけ乾燥させて使いましょう。

木造以外の鉄筋コンクリート造、鉄骨造でも、できる限り、内外装に、適材適所で、木材を使いましょう。

温かい環境づくりに役立つことでしょう。

また、所定量以上の県産材等を利用すると、補助金制度もあります。

木材の良さを生かした、時とともに成長を続け、味わいの増す、温かく愛着の湧く、住まいをつくりたいものです。

ひとりごと

変えてはいけないもの

住まいづくり43年、いろんな出会いがあり、この間に、260以上の住まいをつくってきました。

今でも、出会いから、設計、工事監理、完成後のことが、ひとつひとつ思い出されます。そして、近くを通ったら、遠慮なく寄せて頂いて、住まいのこと、家族のことを話し合っています。本当に住まいづくりを通じて、一生のおつき合いをさせて頂いています。

「お願いします」と最初に、住まい手の方から声をかけられた時の感動を、最後まで忘れずに、住まいづくりを行ってきました。

現代は、情報化の時代で、ひとりの住まい手と出会い、設計者として、信頼を得て、決定するまでに、大変な苦労があります。なぜだろうと考え込んでしまいます。この間、世の中も、人も、大変な様変わりです。世の中は、せわしくなり、人情もうすれ、人と人の温かいふれ合いも、うすれてきたように感じます。それとともに、住まい自体も「手

づくりから機械づくりへ」「きれいだけどぬくもりが感じられない」「住まいの重みがうすれてきた」などの大きな変化を感じます。便利で機能的で、合理的で、早く、美しくつくれるようになったけど、本当にこれでいいのかと考えてしまいます。

「変わってはいけないもの」「変えてはいけないもの」が、どんどん変わっていくことが、とても残念に思います。

それとともに、長い間、培ってきた、大切な日本の住まいづくりの技術も、失われてしまっています。

これからは、現代の住まいづくりと、古い日本の住まいづくりを、うまく融合させて、さらに、心温まる住まいをつくっていくことが、大切だと感じています。

第10章　住まいと木

住まいに使われる木材はたくさんあります。
その木材について個別に学びましょう。

84 住まいと檜

日本は、「木の文化」ということで、永く木が使い続けられてきました。住まいも木造でつくられるものが、半数以上あると思われます。

木には、「針葉樹と広葉樹」「常緑樹と落葉樹」「国産材と輸入材」「ムク材と集成材」などがあり、それぞれに物性が違っており、適材適所で利用したいものです。

これから、住まいによく使われる代表的な木について、順次、説明していこうと思います。まず、今回は檜（ヒノキ）について、考えてみましょう。

檜は杉と並んで、日本を代表する常緑針葉樹で、造林木としても杉に次いで多く植えられています。杉よりも目が詰み、成長が遅いので、60～90年生で伐採されて使われます。

檜は、日本では建材として、最高品質のものとされ、色合いは淡黄白色、淡黄褐色、淡紅色で、加工が容易なうえに緻密で狂いがなく耐朽性にすぐれ、特有の芳香と光沢をもっています。

住まいには、床材、天井板、欄間、柱、土台、大引、根太、束、鴨居、廻縁、敷居、長押、縁板、母屋、棟木、垂木、天井竿など、構造材、造成材として使われ、集成材の表面化粧材にも使われます。

檜は水にも強く、洗面室や、浴室の壁や天井、浴槽に利用すると、いい香りがして、とても落ち着き、気持ちがいいものです。

大黒柱として、7、8寸角の檜を利用すると、個性のある住まいができます。五感で楽しめる住まいをつくりたいものです。

岡山県には、県産材として、檜がたくさんあります。地産地消として、積極的に利用したいものです。

85

住まいと松

住まいによく使われる木として、檜、杉とならんで松があります。

日本では、松は神の寄る神聖な木としてだけでなく、長寿を象徴する木として、尊ばれており、門松、松竹梅など、日本人の祝い事には、必ず登場しています。

常緑針葉樹で、赤松（アカマツ）と黒松（クロマツ）があります。

赤松は雌松（メマツ）、女松とも呼ばれ、本州、四国、九州に広く分布し、同様に用いられるものに、黒松があり、雄松（オマツ）、男松とも呼ばれています。樹皮は若木では、赤褐色で、薄くウロコのようにはげ、年を経るにつれて、黒っぽくなり、亀の甲のように、深い割れが入ります。

辺材と心材の区別はあまり明瞭でなく、辺材は淡黄白色、心材は帯黄淡褐色です。樹脂成分が多く、ヤニツボがあり、大きな生節もよくあります。

やや重硬で艶が良く、木理は通直で、肌目は粗いです。未乾燥材の辺材や時には心材部分にも、カビによる青変色が現れることもあります。

建築用材としては、強靭性や湿気に対する耐久力を生かして、小屋材、梁材、梁丸太、床板、縁甲板、土台、根太、敷居、鴨居などに用いられ、特に梁は平角のマツが最上等とされています。

日本の針葉樹では、最も自然更新力の強い樹種ですが、松くい虫の影響で減ってきています。

以前は、住まいには、構造材として、アカマツ、クロマツ（地松）が主に使われ、大工さんが手加工していました。よく乾燥していないと、かなり変形して、とても扱いにくかったようです。

今では、機械加工が主流となり、値段の安い輸入材の米松が大部分、使われるようになりました。

しかし、がっちりとして、美しい色合いの天然乾燥の地松の構造材をこれからも、しっかりと使い続けていきたいものだと思います。

86 住まいと杉

杉は、日本の針葉樹を代表する樹種で、檜、松とならんで住まいづくりになくてはならない木です。

戦後、全国的に植林されて、それから60年以上たち、柱、梁、母屋、大引、床柱、敷居、鴨居、廻縁、長押、竿、根太、腰板、床板、野地板、天井板、建具、みがき丸太、構造用合板、集成材などに利用され、暮らしに大変、役立っています。樹皮は、屋根に使われ、葉は乾燥して線香に使われ、捨てるところなしの重要な素材です。

真っ直ぐに育つ木から「真木《すぐ》」から「すぎ」と名付けられたようです。

杉は風媒花であり、毎年春になると、風に乗って、多量の花粉を飛ばします。

スギ花粉症は、現在の日本において、最も大きな被害をもたらしている公害であり、国民の25%が花粉症を患っています。

杉は、全国一般にあり、特に、秋田、静岡、愛知、三重、和歌山、奈良、京都に分布し、吉野、尾鷲、天竜、日田、智頭などの各地方は杉の産地として有名で、天然林としては、秋田杉、吉野杉、屋久杉が知られています。

香りは、ヒノキと同じフィトンチッドを放っており、杉の香りをかぐことで、体の鎮静効果で癒され、防虫、抗菌、消臭、防臭効果があります。

心材（赤味）は、桃色、暗赤褐色、黒褐色と幅広く、辺材（白太）は、白色、淡黄色と、違いがわかりやすいです。はっきりとした木目が温もりと安らぎを与え、やさしい肌触りで安心感があります。

材質は、木理通直、軟質で傷つきやすく、めり込みやすく、軽量で、水湿に耐え、加工はきわめて容易で、木目の凹凸が年々浮き出し、風合いを感じさせます。

色合いは、赤、白、赤白とありますが、杉材を上手に使って、温かく、やさしい住まいをつくりたいものです。

87　住まいと栗

くりというと、一番に思い浮べるのは、食べるクリでしょう。秋の味覚を代表する果実のひとつになっています。

日本では古来より、栗の木が大量にあり、クリが住まいづくりの担い手であったのでしょう。最近では『木の家づくり』へのこだわりが少なくなり、木造の減少、雑木林の激減、過伐による良材の減少、住宅の洋風化などで、クリを使うことが極めて少なくなっています。

クリは、ブナ科の広葉樹で北海道西南部より、四国、九州、屋久島までの、ほぼ全土に広がっています。良材の産地は、岩手、福島、島根、宮崎ですが、東北地方のクリ材は、特に有名です。京都、兵庫の日本海側にも良材があります。年輪はきわめて、はっきりしていて、肌目の粗い木材で、辺材と心材の区別は明瞭で、辺材は幅が狭く、やや褐色で、太目の茶褐色の木目がはっきりみえます。

比重は、0・60程度、重硬な木材で、粘りがあり、狂いが少なく、最大の特色は、水にも、白アリや虫にも強く、その耐久性は、ヒノキをしのぐところがあり、心材の保存性はきわめて高く、国産材の中で最高とされています。水湿によく耐え、臭気が強いので、建築の用途は、土台、柱、梁などの構造用から、板として床や壁面に使われ、装飾材や家具（テーブル、イスなど）にも使われています。

クリは、大量伐採があったものの、戦後、需要が著しく減少したことで、伐採量も少なく、天然更新も良好な樹種なので、今後の育成と供給に期待がよせられています。

クリの特性を生かして、もう一度よく見直して、これからの住まいづくりに、土台や床材、テーブル、イス材として多いに利用して、味わいのある住まいをつくりたいものです。

88 住まいとけやき

けやきは、幹は直立し、放射状に広がる独特の樹形で、樹冠は扉を開いたような形で美しく、冬の梢は一層、形がよくわかります。「欅」の字はその形からあてられたようです。日本の代表的な広葉樹で、寿命が長く、街路樹に多く使われていて、けやき並木をつくっています。

語源は、「けやけき（きわだった）木」ともいわれ、樹の姿が「きわだって目立つ木」という意味もあります。

産地は、本州、四国、九州です。天然木は、十和田湖周辺、阿武隈山地、伊豆天城山、奥利根、熊野地方、日向（宮崎県）、日原（山口県）などが有名です。色調は、辺材は灰白色で、心材は帯黄紅褐色で、辺材、心材の色調が、全く違うため、境界は明瞭ではっきりしていて、見分けやすいです。

けやきは、根張りが強く、風にも強いことから屋敷林や神社、お寺の境内にも植えられています。強靱で狂いが少なく、耐朽性にも優れており、木目も美しいことから日本で最良の広葉樹とされてきました。

材質は、重く硬いことと、水湿にもよく耐えて、保存性が高いことから、一般建築材、家具材、神社仏閣の建築全般などに使われています。

特にお寺の建築には、けやきが欠かせないものとなっています。

家具材としては、和家具の材料として、和箪笥、和机、ちゃぶ台などに使われています。床柱、床の間の地板、棚板、天袋板、地袋板、玄関式台、框、大黒柱、床板、板戸、門扉、壁板、天井板などにも利用されています。

また、盤にして、ツキ板の板目、柾目にスライス加工などして、合板に張り合わせた化粧合板として、内装材や家具に大量に使われています。

このような特徴のある美しく、強い、けやきを、式台、大黒柱、家具、机などに使ってみて頂きたいと思います。

89 住まいとサクラ・カバ桜

　桜は日本を代表する樹木で、木材として使われるサクラは、ヤマザクラのことと、考えてよいでしょう。そのヤマザクラも現在は、蓄積量がめっきり少なくなりました。

　心材は褐色から赤褐色で、ときに暗緑色の縞が見られます。辺材は、淡黄褐色から黄白色です。年輪はやや不明瞭で、肌目は美しく、濃色の斑点が見られます。やや重硬ですが、重さのわりに、材は素直で狂いが少なく、粘りもあって強く、加工はしやすく、表面仕上は良好で、磨くと光沢が出て、保存性は高いです。産地は、北海道、本州、四国、九州です。

　用途は、鴨居、敷居、フローリング、皮付床柱、炉縁、敷居すべりなどに使用されます。

　ところで、無垢材で人気のある木にカバ桜があります。これは桜ではなくて、カバ（樺）です。カバ桜は、広葉樹の女王と称されるマカンバで、シラカンバなども原木に含みます。桜に似た柔らかな木目と性質をもつことから、桜の代用として使われはじめました。サクラといえば樺桜を指し、本物の桜をしのぐほど人気の木材になっています。

　本物の桜は、本桜、真桜、山桜と呼んで区別しています。

　カバ桜は、北海道、東北が産地で、辺材はやや黄色がかかった白色で、心材は淡紅色から薄褐色です。肌目は緻密で、平滑に仕上がり、塗り上がりがきわめて美しい銘木です。非常に重くて、堅く、耐久性にすぐれていて、肌触りがなめらかで、木目が美しく、ほどよい光沢があり、反りなどの狂いが少なく、耐磨耗性にもすぐれています。用途はフローリング、上框、式台、階段などに使用されます。特に、無垢材のフローリングとして、大変人気があります。

サクラやカバ桜を、特徴を生かしながら、しっかり使って欲しいと思います。

90 住まいとツガ

ツガは、トガまたは、ツガマツ、トガマツとも呼ばれており、関東ではツガ材は硬いといって、嫌われることが多いのですが、関西ではツガの良材を使った建築は高級とされ、ときにはヒノキより上に評価されることがあります。

年輪が狭く、木目がはっきりしているので、ヒノキとはまた、違った味わいが好まれるようです。

古くから「トガ普請《ぶしん》」と言って、立派な住まいには、全てトガが使われていたようで、今でもそのような古い住まいをよく見かけます。

ツガはマツ科の常緑高木で、関東以南の本州、四国、九州、屋久島などに生育し、人工モミとともに、比較的低いところで、モミ・ツガ林を形づくっています。近年、伐採もわずかなので、木材として、目に触れることは非常に少ないようです。天然のツガの成長は一般にゆっくりしているため、年輪の幅が狭く、気乾比重は0・45〜0・60で、針葉樹材としては重硬で、乾燥は容易にできます。

古くからツガは、ねずみにかまれないと言われています。

心材は、淡桃褐色でやや色を帯び、辺材はやや淡色です。

用途は、床柱、床まわり、長押、敷居、鴨居、天井板、縁板、戸障子、門扉などに使われます。現在、日本で使われているツガ類のほとんどは、北米産の米栂（ベイツガ）です。

米栂は、北米大陸北西部の太平洋岸で産し、蓄積量も豊富で、北米から大量に輸入されています。やや軽軟で木理は通直で、肌目は密で、加工性は耐朽性が低く、水分の多い所では腐りやすいです。

国産のツガと比べても遜色がないため、日本では、ツガの代用として使われています。

91 住まいとクワ

クワときくとすぐ思い浮かべるのは、「フスマの縁」です。とても落ち着いていて、端正でしっとりとした感じがします。クワの実は食べられておいしいです。

用材としては、ヤマグワ、里グワ、島グワに分かれています。

クワは、クワ科の広葉樹で、全国的に植栽が行われており、一般的にはクワは銘木とされていますが、特に伊豆七島の御蔵島産、三宅島産のクワは、その厳しい風土により、木目や色の美しさでは、最高級材として珍重されています。

クワは、やや重硬で、平均的な気乾比重の値は0・62であり、切削その他の加工はやや困難ですが、磨いた仕上面は光沢があり、材質は強靭で、心材の保存性は高いです。色合いと木理は重厚な感じがあり、辺材は淡黄灰白色、心材は暗黄褐色で黄色味がかかっていることが著しく、辺材と心材の境界は、明瞭ではっきりしています。

年輪は明瞭で、ときに如鱗杢《にょりんもく》、玉杢などの美しい杢が出ることがあります。

クワの樹木は、大きいものは十数メートル、胸高直径は60㎝に達しますが、一般的なものは数メートル程度の小さい木です。

昔からクワで湯飲みなどを作ると熱さが手に伝わらず、湯冷めしにくいといわれてきました。用途としては、床柱、床《とこ》まわりの材、床板、式台、上框、フスマの縁、彫刻材などに使われ、家具材としては茶箪笥、長火鉢、ちゃぶ台などの高級和家具の材料として使用され、机、台、棚、箱類に使われ、また貼り板としても使われます。

私は、床の間の地袋、違い棚、天袋などや、玄関廻りの式台や上框や棚類の天板などによく使います。特に年月を経て、深い艶が出て、味わいがあります。床材（フローリング）として使っても、同様です。

是非、みなさん使ってみて頂きたいと思います。

92 住まいと桐

桐は、ゴマノハグサ科キリ属の落葉高木で、成長が早く、高さ8～15m、直径40～60㎝ほどになります。樹皮は灰白色で滑らかで美しい独特の模様（皮目）をしています。原産地は中国とされ、日本では北海道南部から南の各地に植栽され、あるいは自生しています。福島県の会津桐、岩手県の南部桐、新潟県、茨城県などが有名です。キリ（桐）は、切ってもすぐに芽を出し、どんどん成長するため「キル（切る、伐る）」が、名前の由来となっています。かつて、日本では、女の子が生まれたら、キリの木を植える習慣がありました。将来、娘が嫁ぐとき、娘とともに、大きく育ったキリの木でタンスにして持たせてあげるためです。

桐の特徴は、次の通りです。

①重量

桐は、比重0・3であり、国産材の中で、一番軽い材料です。

桐は、けやきの半分ほどの重さで、軽い割に強度があります。

②透水性

木材の中では、もっとも吸湿が少なく、材の中まで水分が浸透することはありません。防湿性が強いです。

③寸法安定性

寸法変化が少なく、狂いや割れが少ない材料です。

④断熱性

断熱、保温にすぐれています。

⑤熱伝導性

桐は熱伝導率が最低で、熱が伝わりにくく、保温効果が高いです。

⑥音響性

音の響きがとても良い。

⑦耐火性

発火する温度は４００℃ぐらいで、火がついても燃えにくいのが大きな長所です。

⑧優美性

年輪が明瞭で、磨くと銀白色の美しい光沢が出ます。色は淡褐色です。

⑨加工性

材がやわらかく粘りがあり、仕上がりがきれいです。

⑩耐朽性

とても腐りにくく、虫がつきません。

⑪復元性

多少の傷やくぼみでも復元する力をもっています。

このような特徴を生かして、積極的に桐材を使って頂きたいと思います。

住まいには、構造材には使えませんが、主としてフローリングや手摺、内装材、家具として使われます。

93 住まいとナラ

ナラの木というといつも思い出すのは、別荘地をさがしに蒜山に行った時、小高い丘の上でみたナラ林です。初夏の頃、すっと伸びたたくさんの木の間を通って歩いた時の心地よさが忘れられません。

ナラは別名をミズナラといい、アメリカなどで生育しているホワイトオークと同じ樹種になります。

伐採すると大量の水を噴出するので、別名で「ミズナラ（水楢）」と呼ばれ、木材関係でナラという時は、概ねミズナラを指す場合が多いです。

英語ではJapanese Oakといいます。

ナラはブナ科コナラ属の落葉広葉樹で、産地は北海道から本州、四国、九州に生育しています。良質の材がとれるのは、北海道の北側及び秋田県です。

色は、辺材は白色で、心材は黄褐色で、辺材と心材の境界は明瞭で見分けやすいです。比重は、0・67で、材質としては、耐久性があり、虫害にも抵抗力があり、非常に硬く重いので加工が難しい木材です。釘打ちなどをする場合は、予備穴をあけておく必要があります。乾燥の際、割れが生じやすく重厚感があります。色や木目には、特徴がないのですが、まれに柾目に特徴的な模様が現れることがあり、その模様は虎の毛並みのように見えることから、虎斑《とらふ》と呼ばれて、希少価値が高いとされています。

ナラはベースの色が薄いことから仕上げたい色が思い通りに仕上がる長所もあります。

用途としては、家具材、内装材、上り框、建具材、イス、床材、ナラ積層材（ムク集成）、ナラ化粧貼など幅広く使われています。

このような素晴らしい特徴のあるナラ材を、是非使ってみて頂きたいと思います。とてもシックで落ち着いた空間になります。

94 住まいとブナ

ブナは、湿帯林の主木で、高さ30m、直径１・５～１・７ｍにもなるブナ科ブナ属の落葉広葉樹で、日本の温帯を代表する木で、幹は直立してそびえ、標高７００ｍ以上のところの肥沃な土壌に群生しています。

ブナの木は木材としての優秀さに加え、保水力の大変優れた樹木で、実がなるなど森にとって良い効果をもたらすため、昔から森の豊かさを象徴する木でもあります。

かつては良質材と見なされて、蓄積量も多かったのですが、多く利用された結果、今では非常に蓄積量が少なくなってしまいました。

ブナは、北海道南部から、本州、四国、九州に産し、南限は鹿児島県高隈山です。色は、辺材は白色で、心材は乳白色で、辺材、心材の境界は不明瞭でわかりづらいです。木理は、一般的には通直で、肌目は密で、重硬な材で、加工性、接着性は比較的良く、衝撃にも強いです。反面、変色、腐食や狂いは、はなはだしく、乾燥をきちんと行わないと曲がり、よじれなど狂いを生じます。粘りがあり、特に曲木加工に適し、耐朽性はきわめて小さいです。柾目には虎斑が出るのが大きな特徴です。

用途としては、曲木家具、ベニヤ材、床材、造作材、内装材、上框、建具材などに利用され、また、積層材や表面化粧単板としても利用されています。

無味無臭の材のため食品容器にも適しています。

世界遺産に登録された秋田県の白神山地のブナ林は、有名な保護林です。しかし、ブナは流通量がきわめて少ないため、現在はヨーロッパからの輸入材である同属のビーチが広く使われています。材質はブナもビーチもほとんど同じです。

このように、とても素朴な雰囲気のある、ブナ（ビーチ）を、住まいづくりに使ってみて欲しいと思います。

95 住まいとヒバ

ヒバは、ヒノキ科、ヒノキ亜科でアスナロ属アスナロという一属一種の日本特産の針葉樹です。「ヒノキアスナロ」と位置づけられています。

ヒバの別称はアスナロで、木材としては、ヒノキにひけをとらない優良材です。

ヒバの分布地は広く、主に、北は北海道の江差地方から福島県、栃木県までに天然に成育しています。福島以西、九州にまで分布し、特に木曽に多く成育しているアスナロの変種で、地域的には青森県に集中的に分布しており、「青森ヒバ」として知られており、木曽檜、秋田杉とともに、日本三大美林のひとつとして、保護されています。青森では、ヒバのことを、ヒノキと呼ぶのが通例です。

樹高は、最高45mまでで、通常は30mぐらいまでのびる高木で、直径も1mを超えるものもあります。

樹皮は赤褐色で通直で、葉はウロコ状でヒノキによく似ています。

辺材は帯黄白色、心材は淡黄色で、辺心材の境目、春秋材の差はやや不明瞭です。木理はおおむね通直で、肌目は緻密、加工はしやすく、仕上は良好で、水湿に耐え、比重は平均0・45で耐久性があり、強さがあります。耐朽性に加え、釘打ちがよく、香りも好まれるので、その特性を生かして、神社仏閣や和風、洋風建築の構造材や外装材、内装材として、敷居、鴨居、長押、回縁、竿縁、天井板、壁材などに使われています。また、土台、柱、根太、軒回りなど、湿気の多いところ、モルタル下地など、通気性の悪い内部、縁側、濡れ縁など、常に外気に接し、風雨にさらされる場所にも使われています。ヒバ風呂は、触感と香りの良さで最良の材とされています。

このように、耐久性、耐朽性、耐水性にとても優れていて、独特の香りのあるヒバ材をしっかり使って欲しいと思います。

96 住まいとタモ・ヤチダモ

タモはブナ科の落葉広葉樹で、広葉樹の中でも非常に大きく成長し、樹高25m、幹の太さは80～100㎝にもなり、通常、出回っているのは40～70㎝程度の材が多いです。

日本では、北海道と長野県以北の本州北中部に自生しています。中でも北海道産が良質で、北見、旭川、芦別、十勝、空知、日高、網走がよく知られています。

タモとシオジはきわめて近い種類で、以前は同じ種類だったといわれたこともありました。近年、シオジの蓄積量が激減していて、シオジといっても、タモを使用することも稀ではありません。

シオジは、タモよりも多少高木になり、材質はタモより多少軟らかくて、材色も少し明るい程度で、ほとんど大差はなく、用途も同じと考えてよいです。

タモは、比重は0・55～0・65で、木理は、ほぼ通直ですが、肌目は粗く、時に美しい杢目が現れます。

木は、やや重硬で狂いも少なく、加工しやすく、靭性、弾力性に富んでいて、耐朽性は中程度です。

木目は、心材部分のかなり深いところまで美しく流れているため、根元付近から先端近い部分まで、均質な木目をとることができます。木目の美しさに加え、1本の木でも心材と辺材では、明確に色味が分かれているのも、この木の大きな特徴です。心材部分のくすんだ褐色、辺材部分の淡い黄白色にかけての色味の変化が、明瞭な年輪の木目と重なり、優しい雰囲気の中にも、凛とした表情をもっています。

タモは、「白木の女王」とも賛えられ、材となっても、その神秘的な美しさは変わりません。用途は、家具材、建具材、造作材、化粧用単板、内装用合板、フローリング材、造作用集成材、ドア枠、階段、カウンターなど、幅広く使われます。

97 住まいとマキ

マキというとすぐ高野槇を思い浮かべます。高野山にお参りすると、若木が売られています。つまり、高野山に多いので、その名前がつけられたのでしょう。

マキは、イヌマキ、クサマキとも呼ばれ、一科一属一種という特異な種類の常緑針葉樹です。福島県を北限として、本州中部から四国、九州、沖縄などの暖地に自生し、20mを超す大木に成長するものもあります。高野山と木曽地方は特に有名で、高野山では僧坊の防火樹としても多く植えられています。

生垣や庭木として植えられる羅漢槇は、槇の変種で、あまり大きくはなりませんが、静岡地方では、よく、ミカン畑や茶畑の周囲に垣根のようにして、植えられています。九十九里のマキ塀は有名です。

樹幹は通直ですが、末端の細り方が大きいです。

樹皮は暗褐色で、剥離しやすいです。

心材と辺材の差はほとんどなく、心材は淡黄白色、辺材は白色で、年輪はよく見ないとわからないほど、はっきりしていません。

肌目は精で、木理は通直、比重は0・48〜0・65で（平均値0・54）針葉樹としてはやや重く、硬い材質ですが、加工は容易です。

マキは、保存性が高く、白蟻に対する抵抗性が高く、湿気に対する強さも、ヒノキやヒバに匹敵するといわれており、浴槽や桶などによく使われています。沖縄や奄美では、一級の建築材です。

用途は、柱、長押などの造作材、建具材、フローリング、浴室材、器具類、桶類などに使われます。

銘木として、出節の磨丸太があり、供給量は豊富で、節が多く、変化に富むものほど、高級品とされ、節の付け根が盛り上がっている乳節が高価とされています。

このような、マキの特性を生かして、住まいに使ってみて欲しいと思います。

98 住まいとニレ

舟木一夫の「高校三年生」の歌は、私たちの世代には、とても懐かしく感じられますが、その歌詞に木の名前が折り込まれていて、その木は知らなくても懐かしさを感じる木がニレ（エルム）です。

ニレはニレ科の落葉広葉樹で北海道全体と本州の東北から関東の山岳地帯にかけて分布しています。樹脂をはぐとぬるぬるするので、ニレの名は「滑《ぬ》れ」に由来するといわれています。幹は直立し枝太く広げて美しく、堂々としているので街路樹に多く使われています。

ニレは樹高が30ｍ、胸高直径１・２ｍほどにまで成長する木で国内の樹木の中では大きい部類に入ります。

また、ニレには、ハルニレとアキニレがありますが、通常、単にニレといった場合は「ハルニレ」を指します。

木理は真っ直ぐで美しく、肌目は粗く、強靭な材で、割れにくく切削などの加工はやや難しいです。

比重は平均０・63でやや重硬な木材で、保存性、耐久性は低いようです。時に小枝にコルク層が異常に発達してコブになったものを「コブニレ」といいます。

辺材は淡灰白色で心材は帯赤褐色で色調がかなり違っているため、辺材、心材の境界ははっきりしており、見分けやすく、年輪もはっきりしています。

ハルニレは、火力は弱いですが、まきとしては長時間、火を維持する木で、よく使われています。

ニレはケヤキの代用としても使われ、木目がはっきりして杢がきれいなことで、化粧的価値が高く、ツキ板として家具材や内装材によく使われます。

また、床柱、床材、階段材などにも使われます。

このような特色のあるニレの木を、住まいづくりに使ってみてはいかがでしょうか。

99 住まいとサワラ

サワラは、ヒノキ、アスナロ、コウヤマキ、ネズコとともに、木曽五木に加えられています。

サワラはヒノキ科の針葉樹で、ヒノキに比べて、さわらか（さっぱり軽軟）な木です。ヒノキに比べて湿地を好み、山の中腹以下の渓流沿いに自生しています。

サワラは、岩手県中南部を北限とし、熊本県を南限とし、四国には生育していません。常緑の大高木で、通常30～40m、最大で樹高40m、胸高直径1m以上になる木です。

一見檜（ヒノキ）に似ていますが、枝は、檜に比べてあまり茂らないので、葉先で容易に違いがわかります。

辺材はほぼ白色で、心材は淡黄褐色で、辺材、心材の境界は明瞭ではっきりしていて、見分けやすいです。

サワラはヒノキの代用品として扱われ、価格はやや高価ですが、ヒノキより安いです。樹脂分を多く含んでいて、水湿によく耐える特徴があり、浴槽、たらい、浴室用材、樽などによく使われています。

木理は通直で、肌目は緻密ですが、ヒノキに比べると、粗い感じで、またヒノキのような香気や光沢がありません。

比重は0・28～0・40、平均0・34で、針葉樹のうちで、最も軽い方に入ります。

軽軟なため、切削その他の加工は容易で、割裂性は大きく、表面仕上げの良否は中庸です。

建築材としては、構造材には使わず、造作用の板類、ひき割類になり、年輪幅が狭く、木理が通った優良なものは、天井板、長押などの装飾材や建具材として、障子の枠、桟、襖の縁、家具材などに使われます。

また、屋根のこけら板としても使われてきました。

このような、サワラの木の特徴を生かして、住まいづくりに使ってみて欲しいと思います。

100 住まいとチーク

チークは、マホガニー、ウォールナットと並ぶ、世界三大銘木といわれ、美しい木目と強靭な耐久性のために、高級材として知られており、世界中で大変、人気のある木材です。

チークはクマツヅラ科の落葉広葉樹で、主な産地は、ミャンマー、ベトナム、インドネシア、タイなどの東南アジアの乾季と雨季のある、湿潤な気候の季節風熱帯地域の国に分布しています。原生林で育ったミャンマー産のチークは、本チーク（ドライチーク）と呼ばれ、最高級の家具材として人気があります。

比重は、0・57〜0・69（平均0・63）で、強度は硬く、耐久性は高く、非常に摩耗に強い木材として有名です。

辺材は淡黄褐色で、心材は、空気に触れていくことで中褐色から暗金褐色に変わっていきます。チークは切り出した直後は黄色で、日干しをするとゴールデンチークカラーに変化し、年月の経過とともに暗褐色になります。

木理は通直で、加工は容易で、仕上がりも良好で、乾燥は遅いが、乾燥過程において、割れや反りが出にくく、木そのものも腐りにくいほか、木の狂いが少ないです。

チークは、大きいもので樹高40〜45m、胸高直径は1・8〜2・4mに達しますが、一般には樹高9〜11m、胸高直径は1〜1・5m程度の木です。

チークは、その強い耐久性と優れた特性、美しさから世界的に高い評価を受けており、銘木の中の銘木とされています。

チークは、家具、カウンター、建築材、フローリングなどの内装材、外装材など幅広く使用され、突き板合板として内装材にも使用されています。

このような特性のある美しいチーク材を、住まいづくりに利用して欲しいと思います。

ひとりごと

スローペースのほうが節約に

住まいづくりは、社会情勢や経済情勢に、大変、影響を受けます。

生涯できっと、最も大きな買い物になると思いますので、将来のこと、これからの生活設計もきっちりとやって、冷静によく考えて、情報に振り回されることなく、ちゃんと決断して、進めたいと思います。

ここ数年、建築工事が減少していて、住宅は全国で80万戸台で推移していましたが、昨年から今年は120万戸になろうという勢いです。消費増税や、経済の先行きをにらんでのことと思われます。

一度に建築工事が集中して、職人不足、資材不足、資材高騰（円安の影響も加わって）などのために、コストが随分上がってきています。職人さんの不足も深刻です。

地質調査、木材、機械加工（プレカット）業者、大工、構造用合板、断熱材、左官、サッシ、設備機器など、ほとんどの業種の職人不足、材料不足になっています。

本当に今まで、こんなことはなかったのにと思います。今までならできたものがここにきて、20～30%上がり、工期も予定通りいかないことは、多々あり、私たちはとても頭をいためています。

お客さんの予算内に、何とか収めようと四苦八苦しているのが実情です。

本当に何とかならないの、どうにかしてもらいたいというのが本音です。

よく考えると、消費税が3%上がっても、2000万円の住まいなら60万円の増加です。工事が集中しているこの時期をはずして、少し遅れてつくれば、この程度の増加なら、知恵を出せば十分に吸収できます。

時が経つと落ち着いてきて、また元通りになることを願っています。

ゆっくりとスローペースで、じっくりつくりたいものです。

第11章 住まいと工事

住まいができるまでたくさんの工事を行います。
進行に応じてその個々の工事について学びましょう。

101 住まいと基礎工事

設計が終わり、施工業者の見積もりも出て、内容検討して、工事費が決定して、業者と契約したら、いよいよ工事が始まります。現場監理は、必ず、建築家の方にお願いしましょう。

まず、地鎮祭をして、そのあと、工程にあわせて、工期内に目標の建物が完成できるように、工事が進められます。着工して、住まいが完成する間、できる限り、しっかりと現場に足を運んで、工事の状況を、自分の目で見ましょう。

これから、工事ごとに、注意する点について、主として木造を中心に、お話を進めてまいります。

今回は、まず、「基礎工事」について、お話しします。

まず一番に、建物の位置と基準地盤面を間違いのないよう決めましょう。

基礎は、住まいづくりで一番大切なものです。その土地にみあった基礎をつくらないといけません。地質調査をもとに、つくられる住まいに求められる基礎が、設計できていることを、再度、確認して、工事にかかりましょう。

地盤改良、杭打などを行ってから、根伐をして、砂利敷をします。この時、しっかり地盤を転圧して、締め固めましょう。そのあと、防湿のため、建物下、全面に、ビニールシートを敷きましょう。それから、鉄筋を組みます。ベースと立ち上がりの両方組んでしっかりと結束しましょう。地中に埋設する設備配管などは、忘れないように入れておきましょう。配筋完了時には、必ず、配筋検査を受けましょう。続いて、型枠をつくって、ベース、立ち上がりに、所定のコンクリートを、しっかり締め固めて打ちます。この時に、アンカーボルト、ホールダウン金物などを入れるのを、忘れないようにしましょう。

以上で基礎工事が完了です。

しっかりとした基礎を、きっちりと、つくりたいものです。

102　住まいと木工事

基礎が完成したら、次は、上棟（骨組みの組立建方）です。

木造といっても、伝統工法、在来軸組工法、ツーバイフォー工法、金物工法など、いろいろあります。その工法によって、骨組みの組立方や、その後の造作の仕方が変わってきます。

ここでは、最も一般的な「在来軸組工法」の場合について、考えてみましょう。

まず、木工事に入る前に、もう一度「設計図の確認」をしっかりしましょう。間仕切の位置、出入り口の位置、柱の位置、建具の位置などを、確認しましょう。もし、変更等ある時は、建築家の方としっかり打ち合わせして、業者の方に確実に伝えてもらいましょう。

上棟では、骨組みの組立を行いますので、それに必要な木材の準備、加工をしておきます。設計通りの、仕様、寸法の柱、梁、土台、床板、タルキ、根太、大引、束などの木材を準備し、それを加工します。事前に、必ず、木材検査をしましょう。

加工には、手加工と機械加工があります。手加工は、大工さんが木材に墨付けをして、加工します。機械加工（プレカット）は、図面をコンピューター入力すると、すべての加工を機械がやってくれます。現在では、ほとんど機械加工になっています。

しかし、できれば、昔ながらの手加工で、やりたいものです。本当に職人さんの技が見えて、感動します。

加工の前に、注意することは、見えるところと見えないところを区別して、見えるところは、ちゃんと仕上をしておきましょう。また、木材の出隅の面取りの寸法も指示しましょう。とにかく、細かい気配りが大切になります。

柱の向きも1本ずつ見て、決めておきましょう。

上棟が終わったら、続いて内外の造作工事を行います。

103

住まいと屋根工事

雨、風などの、自然災害から、しっかり守られた、安心、安全な住まいをつくるために、屋根は、とても重要です。

一番、基本でありながら、力一杯、工事をしていても、雨漏りが起こってしまうことも、時々あります。自然の猛威に負けないように、きっちりと工事をしたいものです。

屋根の形には、陸屋根と勾配屋根がありますが、ここでは、勾配屋根について考えてみましょう。

主な屋根葺き材料は、勾配屋根では、瓦と金属板とセメント系不燃板などです。

葺く材料によって、屋根の勾配の限度が変わってきます。

瓦の場合は、4寸勾配以上とし、金属板の場合は、葺き方によって、勾配が変わります。

一文字瓦、菱葺、横葺きは、2・5〜3寸勾配以上、タテハゼ葺や瓦棒葺は、1寸勾配以上にしましょう。セメント系不燃板の場合は、3寸勾配以上としましょう。安全を考えて、下地のルーフィングは、ゴム製の少し厚めなものを使いましょう。

軒の出は、できるだけ長くし、谷はできるだけ作らないようにし、屋根の形は、シンプルにして、早く雨を流して、処理できるようにしましょう。

屋根は、熱を多く受け、たまりやすく高温になるので、断熱処理をきっちりとして、通気工法をしましょう。

壁から、屋根にちゃんと空気の流れを確保して、棟に逃がす、棟換気を忘れずにつけましょう。

瓦の場合、瓦の固定をしっかりして、棟などの役物は、適当な高さとし、耐風、耐震工法としましょう。なお、瓦下にはステンレス板を使いましょう。

トップライトがある場合は、瓦との取り合いに注意し、板金工事を入念にしましょう。

日本の住まいは、屋根が基本です。設計意図に沿った、美しい屋根を、きっちりとつくりたいものです。

104 住まいと内装・美装工事

住まいの骨組みができて、屋根が完了したら、耐震工事をして、スジカイ、耐力壁、補強金物などを取り付けて、検査機関で中間検査を受けます。

その後、サッシを取り付けて、外装工事、内装工事にかかります。

断熱工事が、充填断熱なのか、外張り断熱なのかによって、施工方法が随分変わってきます。

内装材には、左官仕上、板貼仕上、クロス貼仕上、化粧ボード貼仕上などがあります。

左官仕上は、ボード下地に塗る場合と、土壁に塗る場合がありますが、ボードなどの継ぎ目の処理をきっちりしましょう。

板貼仕上は、目地寸法を決めて、ステンレスか真ちゅうの釘で止めましょう。

クロス貼仕上は、ボード下地の継ぎ目の処理をきっちりしましょう。

化粧ボード貼仕上は、ボードの割り付けをちゃんとしましょう。

それぞれの材料に応じて、ていねいな工事をして、美しい仕上がりにしましょう。

内装・外装とも完了したら、美装工事をきっちりやりましょう。

そして、美装の際、汚れ落としなどで薬液を使う時は反応して変色などさせないように注意しましょう。そして施工中は仕上材等に傷つけないように、きっちりと養生をしておきましょう。

105 住まいと外装工事

外装材には、左官仕上、板貼仕上、鉄板仕上、サイディング仕上、タイル仕上、石貼仕上、ALC版などがあります。

左官仕上の場合には、クラック対策として、適当な間隔で目地を切るか、ノンクラック工法として、全面にグラスクロスを貼って、窓廻りのコーナーは十分に補強して塗りましょう。

板貼仕上の場合は、下地に不燃材のボードを貼ってから、板貼をしましょう。

タテ張り、ヨコ張り、下見張り、押縁仕上などがあり、釘は、ステンレスか真ちゅうにしましょう。板には、檜、杉、焼杉板などがあり、厚さは、12～15㎜にして、本実《ほんざね》か相決《あいじゃく》りにしましょう。

鉄板仕上は、屋根と同じように、ヨコ張、タテハゼ張、一文字張などがあります。

サイディング仕上は、最もよく使われている仕上で、いろんなデザインのパネルがあります。

タテ、ヨコの継ぎ目の防水に注意しましょう。

106 住まいと左官工事

住まいの内・外装工事、床工事に左官工事をすることが多々あります。

住まいの工事の中で最も少なくなりつつあるのが左官工事です。

現代は乾式工法と湿式工法では、乾式工法が主流で、湿式工法をさける傾向にあるように見受けます。

左官工事は乾燥に時間がかかり、クラックが入りやすいという欠点があって、敬遠されがちですが、左官工事ならではの温かい味わいが出てきます。左官職人さんの温かい手工事は空間に程よいやわらかさと陰影をつくり出します。

古くから日本の住まいは、小舞土塗壁を中心とした左官仕上の壁でできていました。

壁にひび割れが出にくいように、ひび割れ防止の対策も長い時間をかけて培われ今日に至っています。

しかし現代は乾式工法主流ですが、その中でも、どうしたら左官仕上ができるのかをしっかりと考えたいと思います。下地も塗下地でなくてもボード仕上に左官仕上を施していけば、いくらかでも温かい空間ができると信じています。材料も一つひとつ混ぜ合わせるのではなく、既調合のものがほとんどで、水を入れて、練り混ぜれば、すぐ施工できます。

とにかく、左官職人の技をいつまでも絶やさず続けていければと考えています。

107 住まいとアルミ製建具工事

日本の住まいの表情が大きく変化したのは、アルミサッシができてからです。今までの民家の窓まわりのやさしい表情が一変しました。

また、ガラスの変化もあり、住まいは高気密、高断熱、省エネの道を進み続けています。

これにより失われたものも多くありますが、時代の波でどうすることもできません。

アルミ製建具（アルミサッシ）は、大きさ、寸法、開き方、組み合わせ、網戸など、さまざまなものがあります。適材適所できっちり選んで利用しましょう。

樹脂サッシもあり、結露防止に役立っています。

アルミサッシの枠廻りの納まりについて、十分に検討して、美しく納めたいものです。

日本の住宅用アルミサッシの寸法は、木造の関西間、四国九州間、関東間のモジュールを使ってできているので、どうしても柱のきわに隙間ができてしまいます。ここの納め方をどうするかが大切です。

108 住まいと木製建具工事

日本の住まいは夏涼しいように考えられて、大体、田の字プランで、柱の間は木製建具を取り外せば、間仕切自由で、大きくも小さくもできる、本当に素敵な住まいでした。

これは木製建具のおかげです。柱間、その場所の寸法に合わせて幅も高さも自由に制作可能で、形やデザインも自由につくれます。そして素材も思いのままです。障子、フスマ、戸ブスマ、格子戸、ガラス戸、開き戸、引違い戸、網戸、片引き戸、上げ下げ戸、無双窓、雨戸など、どんな建具も自由につくれます。

この木製建具が日本の住まいの表情を豊かなものにしていました。

気候風土にも合致し、木が呼吸して温湿度の調整もしていました。多くの機能をもっていました。

現代では、木製建具も工場大量生産で、カタログで選ぶようになっています。

素材も無垢材の他に合板、新素材、表面はビニール貼、アルミ製のフスマなどもあり、本当によく見ないとわかりません。

とにかく長く使い続けるためにも、またその空間をどうしていくのかも、よく考えて、木製建具をしっかり考えましょう。

特に建具金物は、戸本体以上に重要です。しっかり考えて素材のちゃんとしているものを選びましょう。

109 住まいと電気設備工事

住まいの設備には、電気設備、機械設備等がありますが、まず、電気設備についてお話しします。

電気設備には、幹線、照明、コンセント、テレビ、電話、インターホン、換気扇、エアコン、セキュリティ、インターネット、自火報、床暖房、エコキュート、太陽光発電等があります。

まず、電気の引き込みですが、電柱から、直接建物に引き込む方法と、敷地内にポールをたててここから地中埋設し、建物に引き込む方法があります。できれば地中埋設にしたいです。

太陽光発電については、屋根の雨仕舞には注意し、パネル等の荷重も考慮して、構造補強をしておきましょう。電気容量は、将来のことも考えて、ゆとりをもたせ、分電盤はわかりやすい場所につけましょう。回路数は、予備を2～3回路は残しましょう。

スイッチ、コンセント類の高さは、少し低目とし、スイッチは芯で高さ105㎝、コンセントは巾木のすぐ上ぐらいに取り付けると落ち着きます。プレートは、できればプラスチックよりは、真ちゅう、ステンレスにしたいものです。コンセントは、家具の位置も考えて、各室2、3ヶ所取り付けましょう。スイッチは、個々につけるのか、数個まとめるのか、2、3ヶ所で切れるようにするのかよく考えましょう。

照明器具は、シンプルで落ち着いたものを選びましょう。蛍光灯、LEDは、電球色にして、照明器具の高さは、できるだけ低目にし、下端で高さ180㎝ぐらいがいいでしょう。照明器具の重さも考慮し、埋め込みの場合は、事前に位置を決めて、開口補強しましょう。

テレビのアンテナがいる場合は、取り付け場所を考えましょう。

電気設備は、住まいの空間に大きな影響があります。よく考え、しっかりと施工図などで検討して、すっきりとシンプルに納まるようにしましょう。

設備の進歩はめざましく、便利なものが次々と出てきています。生活が便利で豊かになることは良いでしょうが、本当に必要なのかどうか、省エネ、エコ、節電のこともしっかり考えて取り付けましょう。

110 住まいと機械設備工事

住まいにとって、電気設備と機械設備は、車の両輪のようなものです。機械設備には、給水、排水、衛生、ガス、給湯、浄化槽、下水、空調、換気などがあります。給水は、敷地内のどこにどれぐらいのサイズの給水管を引いてきて、建物内にどこから入れて、どう配管するかということです。また、水道メーターをどこにつけるかも考えましょう。使った水の量により、下水の使用料が決まっています。器具は、できるだけ節少タイプとして、水の使用量を減らしましょう。水栓はどうしても必要なところへつけましょう。以前は直径13㎜が中心でしたが、水栓の数に応じて、直径20㎜以上のものにしましょう。径によって負担金が変わります。

排水には、雨水と雑排水があり、一般には雑排水は下水に流すことになります。下水のない時は、合併浄化槽を設置して流します。排水量に応じた配管サイズとし、特に、つまることのないように、規定の水勾配をとりましょう。マスも適当な間隔に設けましょう。

雨水には、屋根よりの雨水とともに、敷地内の排水を忘れずに計画しておきましょう。2階に水廻り設備がある場合は、排水のルートをちゃんと考えておき、配管スペース（ＰＳ）を設けましょう。その広さは配管の本数より、ゆとりあるものとしましょう。点検口もつけましょう。

空調（エアコン）の設置場所、室外機置場、ドレーンの排水ルートもきっちり決めましょう。どんなにすばらしい住まいができても、機械設備の配管や器具が露出して、見苦しいこともありますので注意しましょう。

換気については、便所、浴室、洗面室、台所、居間などには、十分な大きさの換気扇をつけましょう。あわせて、給気もちゃんと考えておきましょう。

ガスについては、ＬＰＧなのか、都市ガスなのかで違います。ガスコックは、必要最小限のところだけつけましょう。ＬＰＧの場合は、ＬＰＧ納入業者の方で、ちゃんと配管も責任をもってやってくれます。都市ガスの場合は、ガス会社でやってくれます。安全面から、２階の方へは、配管しない方がいいでしょう。

設備機器については、できるだけエコで節約型のものを選び、機能は必要なもののみをもった、シンプルで使いやすいものとしましょう。

使いやすい機械設備は、豊かな住まいにとても大切です。

ひとりごと

「もたない生活」が豊かなくらしに

住まいは、十人十色で、ひとつとして同じものはありません。それぞれに、決められた土地があり、そこに建築主の方の求めている住まいを力の限りをつくして、実現していくことが、私たちの役割です。

住まいづくりをしていて、いつも思うことは、次の2つです。

第1は『ものがあふれた生活』です。第2は『どう暮らすかという確かなおもいのない生活』です。

第1の『ものがあふれた生活』については、不必要なものは買わないということです。ものを多く持っているから、それで生活が豊かになるということとは別の問題です。「豊かな空間」がどれだけあるのかで生活の質は決まります。

住まいの中にどれだけゆとりがあり、「余白の空間」があるかです。小さい住まいなら小さいなりに余白がつくれます。

つまり、少ないもので、いかに豊かな生活を実現するかが大切です。もっともっと「ものをもたない生活」につい

て、しっかり考えて欲しいと思います。

「ひとつふえたら、ふたつすてる」ぐらいの気持ちが大切でしょう。

第2の『どう暮らすかという確かなおもいのない生活』は、住まいの新、旧には関係ありません。いい住まいをつくっても、そこで「豊かなくらし」ができるとは限りません。それには、よい生活者になるための努力をすることが大切です。

住まいができて、しばらくたって伺ってみて、本当に「感動する場合」と「がっかりする場合」があります。住まいをつくるまでの情熱は、どこに行ってしまったのかと思います。

住まいづくりの前に、このことについて、しっかりと考えて頂きたいと思います。

第12章　満足できる住まいづくり

満足のいく住まいづくりについて、何を考え、どうしたら良いのか考えましょう。

111 無理のない資金計画をしよう

住まいづくりは、心身ともに疲れ大金のかかる、人生の大仕事です。

家族皆で、将来のことも考えてしっかり話し合って、心を決めてスタートしたいものです。

消費税が上がるからといって急ぐのではなく、じっくり取り組んで欲しいと思います。

まず住まいの規模は必要最小限にして、今すぐどうしてもやっておかないといけないことだけをやり、将来いつでも手を加えられるようにシンプルにつくりましょう。

建物の工事費の他に、必ず、諸経費が20％は必要ですし、別途工事費もいりますし、予想しなかった出費も出てくると思います。

全体の費用を出して、無理のない資金計画をしっかり立て、自己資金は必ず20％以上準備してから、スタートしましょう。

112 住まいは何のためにつくるのか考えよう

住まいをつくろうと思った時、まず何をすればいいのか戸惑うことでしょう。

『何のために住まいをつくるのか』考えてみましょう。

まず、当たり前のことのようで、ここがしっかり考えられていないことが多いと思います。

私は「いい生活をするために、豊かな住生活をするために」住まいをつくるのだろうと考えます。

家族みんなで、住まいづくりについての考えを出し合って、しっかり話し合ってみましょう。

今、住まいづくりの情報があふれています。

自分に必要な情報だけを選ぶことも大変でしょう。

なかなか、本当に必要な住まいづくりに最も大切な基本的な情報が見当たりません。

住まいづくりは、人生において、とても大切な仕事です。

113 理想のプランをまとめるコツ

住まいづくりは、楽しくもあり、苦しくもあります。

自分の想いの実現にむけて、精一杯、努力することが大切です。

まず要求条件を家族で話し合ってまとめておきましょう。

プランの相談に入ったら、自分の希望は、必要なところだけ、しっかりと建築家に伝えて、その他は、お任せして、建築家のアイディア、経験、設計力に期待するのが、いいと思います。

「理想のプランをまとめるコツ」は、次の通りです。
①土地の特徴や自然環境をしっかりとよむ。
②周辺の景観に配慮し、調和させる。
③シンプルな構成とする。
④あまり、つくりすぎないようにする。
⑤あとから、手が加えやすいようにする。
⑥豊かな空間をもたせる。
⑦永く住み続けられるようにする。

114 楽しんで住まいづくりをするコツ

住まいづくりは、住まい手、つくり手、設計者の三者が、しっかりと力を出し合って、はじめて、いい住まいができます。

つまり、それぞれの立場でやることを、きっちりとやることが大切です。

今までの住まい方にとらわれないで、新しい考え方で、住まいづくりをするといいと思います。

今、住まいに関する情報があふれています。知らなくてもいいことを、たくさん知っています。

知識だけでなく、「生活の知恵」をしっかり学びたいものです。

本当に必要な情報を、選別する目を持つことが大切です。

三者の協力で、楽しく、充実した、住まいづくりをしたいものです。

115 住まいづくりの第一歩は土地さがしから

住まいづくりで最も大切なことは、「どこに住むのか」ということです。

今まで住んでいた土地につくる時は、いいですが、新しく違う場所に住む時は、その土地の周辺環境、昔の状態、水はけ、地盤、光、風、音などの自然の状態などを、しっかり見きわめて、決定したいものです。

地相が一番大切で、いい土地にいい住まいをつくらないといけません。

土地は、一度買って、そこに住まいをつくると、なかなか買い替えることができません。

家族みんなで見ることも大切ですが、ぜひ経験豊富な建築家の方と一緒にさがしましょう。

目指している住まいが、本当に実現可能なのか相談しながら「ここは居心地がいいなぁ」と、体で感じられる土地を選びたいものです。

116 時の変化に応じて住み続けられる住まい

住まいはそこで一緒に住む人の家族構成や年齢に応じて随分変わってきます。三世代同居から二世代になり、子どもが成長して家を出たら、親夫婦だけになり、そのうち子ども夫婦と同居して孫ができて、また三世代同居になっていく。

このように時の変化に応じて、次々と繰り返していきます。

一度つくった住まいは、いつもこの変化を受け入れて、その度に住まいを改造して、50年、100年と住み続けていかなければなりません。そのためには、住まいづくりに際して、変化に対して、住まいを改造することが、簡単にできるように、最初から先を見越して、しっかりと考えておくことが大切です。壊してつくり替えるのではなく、その都度、手を加えて、新旧、相乗りして、よりよく直して行って、歴史を積みあげていけることが必要です。

このようにしていくことで、古民家の味わいが出て、街の風景となり、美しい景観がつくられていくことでしょう。そのためには時の経過が刻めるだけの素材を適材適所に生かして使っていくことが必要になるでしょう。

117 設計者の声にしっかり耳を傾けよう

私のこだわりは、「素材」「骨太の構造」「大黒柱」「床材」です。

「素材」は、長く使い続けるためにとても大切です。できる限り、本物の素材を使います。

「骨太の構造」は、手を加えて、住み続けるために、がっちりとした骨組みが必要です。

いつでも改造が自由にできるようにしております。

「大黒柱」は、大体、どの住まいにも一ヶ所あります。8寸角、7寸角の檜や、ケヤキの通し柱です。

それぞれの住まいが、ほこれるものであるように考えています。

「床材」は、どんなにローコストな住まいでも、必ずムク材を使っています。

時間がたつと、だんだん、いい味わいが出てきます。

118 建ててから気づいた失敗に学ぼう

私は、住まいは最初から、あまり、きっちりとこまかく、つくり過ぎないようにしています。

ざっくりと、シンプルに、のびやかにつくり、ライフスタイルの変化にともなって、将来の改造がやりやすいようにしています。

そのために、今、何をどうつくればいいのか、常に考えています。

それでも、時に失敗することがあります。

照明は、全体に少し暗めにしていますが、一寸暗すぎたこともあります。

次に、スイッチ、コンセントの位置が、物陰にかくれてしまうことがあります。

また、収納を、こまかくつくりすぎて、入らなかったり、使いにくかったりしたこともあります。

119 お客様とのエピソード

小学校の幼なじみの方が広島に住んでいて、小学校卒業後45年以上、全く会っていませんでした。

私は40年以上、毎年、年賀状と暑中見舞状を出し続けていました。

そのハガキを、その方の奥さんが見て下さって『家をつくるなら、この人で』と思っておられて、定年後、倉敷へ帰って来るのを機に、私を指名して頂いて、住宅の設計をしました。

お話ししていたら、彼と私は、偶然、生年月日が同じでした。

本当に、不思議な御縁があったのだと感じました。

ハガキ1枚の出会いで、『継続は力なり』を痛感し、今もずっと続けています。

120 シンプルな住まいをつくろう

住まいをつくることは、生涯で最大の大仕事です。

住まいは、「買うもの」ではなくて「創るもの」です。つくってしまって、しまったと思ってもどうにもなりません。

大切なことは、しっかりとした考えをもって「住まいづくりのコンセプト」を、はっきりとさせることです。

「変わるもの」と「変わらないもの」について、家族みんなで話し合い、今どうしてもやっておかないといけないもの、あとからやればいいものなどを考えて、必要条件をちゃんとまとめましょう。

長く住み続けられ、ライフスタイルの変化に応じて、改造して住めるよう、骨太の構造にして、設備は取り替えがきくようにつくり、素材は十分に考えて、限られた予算を最大に生かして、簡素でシンプルな住まいをつくりましょう。

ひとりごと

住んでみてわかる居心地よさ

住まいづくりにおいては住まい手の要望をできるだけ満たしてあげられるように、要求条件をしっかり理解して、計画に取り込むようにします。

そこには常に優先順位をつけておいて、やむを得ないものは、はずすこともあります。

どうしてそうするのか、私たちも理解できないこともあります。

第1回目の基本プランが良いことが多く、いろんなプランを作っても、結局そこに帰ってくることが不思議と多いように思われます。

私たちが苦労して作ったプランの一部だけ手直しすると、全体がこわれてしまってバランスが悪くなってしまうことがよくあります。

住まい手の要望を取り込んで、満足された住まいができあがって、完成、引渡し後、一人、その住まいの中に入り、その空間に身を置いて、しばらく座って静かにしている時

に、何か理由もわからないのに、落ち着かないで、そわそわすることがあります。これがどうも「居心地の良さ」と関係があるのだと考えます。

つまり、仕上、プラン、空間などのすべてのバランスの評価がこんな形で表れてくるのだと思います。

皆さんも住まいが完成したら、空間の中に自分を置いて感じてみて下さい。

私の友人に、新しい住まいができてから、とにかく仕事が終わったらできるだけ早く家に帰ってゆっくりしたいと思うようになったと話してくれた人がいました。

これが居心地の良い住まいなのではないでしょうか。

おわりに

住まいは十人十色です。

一人ひとり住まいに求めるものが違います。

「人はなぜ住まいをつくるのでしょうか」。より豊かな生活をするためでしょう。

住まいは人間生活にとても大きな影響を及ぼします。

住まいは器であり、中味は生活です。いい生活ができるよう、生活のセンスをしっかりみがいて、素敵な住まいをつくって下さい。

本当に皆さんの住まいづくりのお役に立てたのか、甚だ心配ですが、この本をきっかけに、住まいについて、さらに深く学んでいただければ幸いです。

ぜひ皆さんが望み通りの住まいを実現できますことを心より願っています。

終わりに、この本の出版にあたり、代表の山川隆之さんには、大変お世話になりました。お礼申し上げます。

2020年6月20日

髙田　一

著者紹介

髙田　一（たかた　はじめ）

有限会社　住元建築研究所　代表取締役
建築設計監理、住まいの相談、まちづくり活動、耐震診断、耐震補強設計など幅広く手がける。住宅から社寺建築まで、あらゆる建物の設計を行っており、特に、木造が得意。住宅は43年間で260軒を手がける。日本の伝統的な知恵や技術を生かし、自然素材や身近なところにある素材を利用して、周囲の景観にマッチした、人と建物と環境にやさしい住まいをつくっている。

【経歴】

昭和22年1月31日	倉敷市連島町連島に生まれる
昭和34年3月	倉敷市立連島東小学校　卒業
昭和37年3月	倉敷市立連島中学校　卒業
昭和37年4月	岡山県立水島工業高校　機械科　入学（第1期生）
昭和40年3月	岡山県立水島工業高校　機械科　卒業
昭和41年4月	東京理科大学工学部建築学科　入学
昭和45年3月	東京理科大学工学部建築学科　卒業
昭和45年4月	東京理科大学　大学院　修士課程　工学研究科　建築学専攻　入学
昭和47年３月	東京理科大学 大学院 修了（コンクリートの引張りクリープに関する研究）
昭和47年4月	株式会社　関西設計　大阪本社　入社
昭和51年8月	株式会社　関西設計　退社
昭和52年2月	住元建築研究所　創設
昭和56年10月	有限会社　住元建築研究所　設立
昭和58年10月	事務所新築（倉敷市連島）現在に至る
平成17年4月	川崎医療福祉大学　医療福祉デザイン学科　非常勤講師
～平成25年3月	（スペースデザインⅠ、建築材料）

【所属】

1．保護司（水島分区）
2．元連島東小学校区交通安全対策協議会　会長
3．元水島地区交通安全対策協議会　監事
4．元倉敷商工会議所　議員
5．倉敷南ロータリークラブ
6．連島中学校　評議員
7．連島中学校　後援会　副会長
8．日本建築家協会会員
9．岡山県建築士会会員
10．岡山県建築士事務所協会　理事
11．倉敷青年会議所OB
12．元川崎医療福祉大学　非常勤講師

【事務所】
有限会社住元建築研究所
〒712-8012　倉敷市連島5-1-48
電話 086-446-0219／090-8710-8532
E-mail: jugen@helen.ocn.ne.jp
https://jugen2017.jimdo.com

住まいづくり120のヒント

2020年 9 月30日　発行

著者　髙田　一
発行　吉備人出版
〒700-0823 岡山市北区丸の内2丁目11-22
電話 086-235-3456　ファクス 086-234-3210
ウェブサイト www.kibito.co.jp
メール books@kibito.co.jp
印刷　株式会社三門印刷所
製本　株式会社岡山みどり製本

ISBN978-4-86069-629-0　C0052